サミットがわかれば世界が読める

はじめに　G7サミットとは何か
――転換期を迎えた主要国メカニズム――

二〇一六年のG7サミットは、三重県志摩市にある賢島《かしこじま》をメイン会場として開催されます。賢島は警備のしやすさに加え、首脳会議にふさわしいホテルがあること、また伊勢神宮にも近く、「日本の美しい自然、豊かな文化、伝統を世界のリーダーたちに肌で感じて味わっていただける場所」(安倍首相)であるという理由で選ばれました。

G7サミットは一九七五年に始まり、毎年一回開かれています。「伊勢志摩サミット」は四十二回目のサミットとなります。

参加各国が持ち回りで開催国になるので、日本で開催されるのは七年か八年に一度になります。伊勢志摩サミットで六回目です。初期の三回(一九七九年、一九八六年、一九九三年)は東京の迎賓館が会場でした。その後、二〇〇〇年には沖縄が、二〇〇八年には北海道の洞爺湖が、サミットの舞台に選ばれました。

二〇二〇年の東京オリンピック・パラリンピックとは比較になりませんが、それでもサミット開催時には数千人の報道関係者が来日し、世界に向けてサミットのニュースを流します。日本がどう各国首脳をおもてなしするかや、開催地の自然・歴史・文化なども紹介されます。日本にとって「五輪前の最重要イベント」と言っても、おかしくはないでしょう。

サミットについては多くの誤解があります。政治リーダーが集まるパーティーのようなものだと思っている人もいます。しかし、そうではありません。今やサミットは、閣僚会合や専門家会合などを備えた一つの国際メカニズムになっています。実際、二〇一六年には日本各地でサミット関連の国際会議がいくつも開かれます。首脳会議は「G7の枠組み」で行われる多くの政策協調会合を踏まえて開かれるのです。

また、サミットについては、先進国の利害調整を話し合う場だと勘違いしている人もいます。しかし実際のサミットは、途上国支援や環境問題の解決といった「地球規模の課題」についても政策指針を定め、実施を呼びかけています。その意味で、サミットは国際連合と並ぶ「グローバル・ガバナンス（地球統治・地球管理）のメカニズム」として機能しているのです。

参加する首脳の数が少なすぎると批判する人もいます。しかし実際には、サミットは必要に応じていろいろな国の首脳を招き、意見交換をしています。

二〇〇八年の北海道洞爺湖サミットのときは、当時の正式メンバー八か国に加え、新興国と途上国を代表する十四の国からも、さらには七つの国際機関からも、リーダーが来て議論に加わりました。

さらに、サミットについては、新興国が台頭してきたので存在意味がなくなった、といった意見も聞かれます。しかし、中国もロシアもインドもブラジルも、サミットがつくったG20には参加しています。それに、G7自体も、将来、G9やG10になるかもしれません。

主要国の政策協調のメカニズムであるG7は、状況の変化に合わせてGの後ろの数字を変えながら、存在し続けると私は思います。

私は学生時代、政治リーダーのコミュニケーション行動を研究していました。今も、主たる研究分野は「情報政治学」です。

一九九三年、名古屋外国語大学に国際経営学部が設置されることになりました。専任講師に内定した私は、国際政治分野でも一つ専門領域を持とうと思い、あまり研究されていなかったサミットを研究テーマに選びました。

そしてその年、私は初めて首脳会談とサミットに関する論文を発表しました。最初の論文である「国際関係の構造的変化と首脳会談の役割」は『愛知女子短期大学研究紀要（第26号）』に、第二の論文「先進国首脳会議の二つの政治化」は『外交時報（第１２９９号）』に掲載していただきました。

一九九八年、私は研究を深めるため、サミット研究が盛んなカナダのトロント大学を訪問しました。その後、二〇〇〇年に単著『サミット』（芦書房）を、二〇〇二年にはトロント大学のジョン・カートン教授との共編で、沖縄サミットを分析した『Directions in Global Political Governance』（Ashgate Publishing Company）を出版しました。相前後して、日本で唯一の「サミット研究者」として認知されるようになり、テレビや新聞・雑誌などでも発言の機会が増え、現在に至っています。

名古屋外国語大学にふさわしい教員になろうと思わなければ、サミットの研究はしていなかったかもしれません。私がサミット研究者として世に出られたのは、学校法人中西学園前理事長・故中西憲一郎先生、現理事長・中西克彦先生、そして亀山郁夫学長をはじめとする名古屋外国語大学の教職員の皆様のおかげです。この場を借りて心より御礼申し上げます。

目次

第4章　サミットの議題

chapter: 1

サミット参加国

サミットは山の頂上

この本が取り上げるのは「サミット」です。具体的には、アメリカ大統領や日本の総理大臣など、主要国の政治リーダー(=首脳)が集まる会議のことを指します。もう四十年以上、毎年どこかで開催されています。まず、呼び方から整理しましょう。

ある年の首脳会議のことは、「伊勢志摩サミット」のように、開催地に「サミット」を付けて呼びます。一方、この首脳会議のことを一般的に表すときは、「G7サミット」と「G7」を付けることが多いようです。「山の頂上」を意味する「サミット」は、今では組織の頂点に立つリーダーたちの会議の比喩として、あちこちで普通に使われています。「G7」という言葉を付けておけば、日米欧の政治リーダーの会議であることがはっきりわかります。

「G7」のGは「グループ」の略語です。ですから「G7」は「七か国グループ」という意味にすぎません。でも、それではどういう七か国かがわかりにくいので、「主要国首脳会議」とか「先進国首脳会議」という言葉を足すのが一般的です。「G7サミット(主要国首脳会議)」といった感じです。「主要七か国首脳会議」と一つにまとめることもあります。

ただし、この呼び名については、いくつか注意すべき点があります。まず、サミットには「G8」のときもありました。ですから、歴史を振り返るときは「G7／G8」とするのが適切です（外務省のホームページはそうなっています）。

また、G7以外の国から、「自分たちだって主要国だ、先進国だ」といった意見が出るかもしれません。「主要国首脳会議」や「先進国首脳会議」といった呼称は、あくまでも便宜的なものです。G7サミットの意味として、どちらか一方を正解とするテストやクイズはまちがっています。

ただし私は、もしどちらかを使うのであれば、今のサミットを表す適切な言葉は「主要国」だろうと思います。「先進国」では経済的視点が強調されすぎです。国際秩序の形成・維持に役割を果たしてきた国かどうかという視点も加えて「主要国」としたほうが、サミットにふさわしく思えます。それに実際、サミットでは、経済だけでなく、ありとあらゆる国際問題が話し合われているのです。

たしかに、人口、経済力、軍事力などの基準を使って「大国」を決めることはできます。でも、「大国」であることと、グローバル・ガバナンス（地球統治・地球管理）のために力を発揮することとは別問題です。力がついてきたのをいいことに、ルールを無視したり破壊したりする「大国」もあるかもしれません。なので、サミット参加国については、国際秩序の形成・維持を担おうとする点に注目して「メジャーな国」と呼ぶ、と考えたらよいと思います（外務省のホームページも「主要国首脳会議」を使っています）。

ちなみに、グローバル・ガバナンスにとって最も重要な国際連合（以下、国連）を経済的に支えているのもG7です。G7の七か国は国連の予算の約六〇パーセントを負担しています（アメリカと日本だけで約三三パーセントです）。中国とロシアは国連の安全保障理事会（以下、安保理）では「大国」の扱いを受けています。しかし、予算への貢献という点で言うと、両国を合計しても八パーセントに満たないのです。やはり「大国」と「主要国」とは分けるべきだと思います。

呼び方についての難点はほかにもあります。「G7サミット」というと、G7の首脳会議をイメージするのが一般的です。たしかに狭義の「サミット」は首脳会議なのですが、今ではこの頂上の下に広大な裾野が広がっています。首脳会議ばかりに目を向けると、「国際協調メカニズム」としてのサミットが見えにくくなってしまいます。

この本では、狭い意味の「サミット」だけでなく、広い意味の「サミット」のほうもきちんと見てほしいと思っています。でも、やはりまぎらわしいですね。

では、この本では、首脳会議の部分を「サミット」、国際協調の枠組みの部分を「サミット・メカニズム」と呼ぶことにします。ようするに、サミット・メカニズムの頂点に立つのがサミットだ、ということなのですが、合点していただけますでしょうか。

G7の拡大版がG20

G7のメンバーは、アイウエオ順に、アメリカ、イギリス、イタリア、カナダ、ドイツ、日本、フランスです。G8時代はこれにロシアが参加していました。EU(欧州連合)も正式メンバーですが、G7の「七」にはカウントされていません。

「主要国」によって形成される「G」の付くサミット・メカニズムは、G7のほかにもあります。G20です。ここでも首脳会議が行われています。

表1 サミット年表

回	年	議長国	開催地	首相	成果・特徴
1	1975	仏	ランブイエ	三木	6か国が参加。変動相場制の採用で米仏が合意
2	1976	米	プエルト・リコ	三木	カナダが参加。インフレの再燃回避で合意
3	1977	英	ロンドン	福田	経済の牽引役として日米独に期待
4	1978	独	ボン	福田	各国が経済成長などの数値目標を宣言で公約。GATT東京ラウンド決着
5	1979	日	東京	大平	石油危機を受け各国が石油の消費量や輸入量の目標を公約
6	1980	伊	ヴェネチア	(不在)	政治サミットの開始(アフガニスタン宣言)。大平首相の急死で大来外相が参加
7	1981	加	オタワ	鈴木	政治に関する議長声明の始まり。対ソ強硬姿勢の表明
8	1982	仏	ヴェルサイユ	鈴木	フランスが政治化に抵抗。経済政策の相互監視(多角的監視)の開始
9	1983	米	ウイリアムズバーグ	中曽根	安全保障での団結
10	1984	英	ロンドン	中曽根	「民主主義宣言」を発表
11	1985	独	ボン	中曽根	各国が雇用創出に向け経済構造改革を公約
12	1986	日	東京	中曽根	G7財務相・中央銀行総裁会議創設。多角的監視の拡大強化。新ラウンド合意
13	1987	伊	ヴェネチア	中曽根	アジアの新興工業国・地域に政策協調を要請。核軍縮交渉に向け対ソ圧力
14	1988	加	トロント	竹下	構造政策の協調を表明。農業補助金削減で大枠合意
15	1989	仏	アルシュ	宇野	環境が中心議題に登場。東欧諸国への経済支援を決定
16	1990	米	ヒューストン	海部	「民主主義の10年」を発表。温室効果ガスの削減を初めて議論
17	1991	英	ロンドン	海部	軍縮への決意を表明。東欧・ソ連を支援。ソ連大統領と会合
18	1992	独	ミュンヘン	宮澤	対ロ支援を本格化。ユーゴスラビア紛争への対応
19	1993	日	東京	宮澤	雇用担当相会議を創設。GATTウルグアイ・ラウンドの年内決着を表明
20	1994	伊	ナポリ	村山	政治討議にロシアが参加。チェルノブイリ原発の閉鎖を支援
21	1995	加	ハリファックス	村山	戦後50年を踏まえ国際機関の改革を提言
22	1996	仏	リヨン	橋本	グローバル化の課題を議論。ボスニア和平を推進
23	1997	米	デンバー	橋本	ロシア正式参加決定。高齢化を議論
24	1998	英	バーミンガム	橋本	「主要国首脳会議」に改称。アジア通貨危機への対処。インドの核実験を非難
25	1999	独	ケルン	小渕	重債務貧困国の救済。生涯学習を重視
26	2000	日	九州・沖縄	森	「IT憲章」を発表。感染症対策
27	2001	伊	ジェノヴァ	小泉	アフリカの貧困削減。食品安全対策
28	2002	加	カナナスキス	小泉	「アフリカ行動計画」を発表。軍事物資の拡散防止
29	2003	仏	エビアン	小泉	アメリカの中東和平構想を支持。拉致問題の解決に初めて言及
30	2004	米	シーアイランド	小泉	「中東・北アフリカ・パートナーシップ構想」を発表
31	2005	英	グレンイーグルズ	小泉	G8+5の枠組みを創設。気候変動を議論
32	2006	ロ	サンクトペテルブルク	小泉	唯一のロシアでの開催。エネルギー安全保障の強化
33	2007	独	ハイリゲンダム	安倍	主要国と新興国との経済協議を設置
34	2008	日	北海道洞爺湖	福田	温室効果ガス削減の長期目標を明示。保健衛生分野で行動計画
35	2009	伊	ラクイラ	麻生	先進国の温室効果ガス削減目標を発表。食料安全保障を議論
36	2010	加	ムスコカ	菅	G8とG20を連続開催。財政健全化と成長の両立を確認
37	2011	仏	ドーヴィル	菅	原子力の安全確保。アラブ諸国の民主化移行を支援
38	2012	米	キャンプ・デービッド	野田	欧州債務危機対策。イラン核問題を議論
39	2013	英	ロック・アーン	安倍	「オープンデータ憲章」を発表。租税回避対策や取引の透明性。アベノミクス説明
40	2014	臨時	ブリュッセル	安倍	ウクライナ支援を表明。G7に回帰
41	2015	独	エルマウ	安倍	ウクライナ制裁確認。南シナ海の現状変更に反対。温室効果ガス削減で新目標
42	2016	日	伊勢志摩		

図1－1　G7とG20

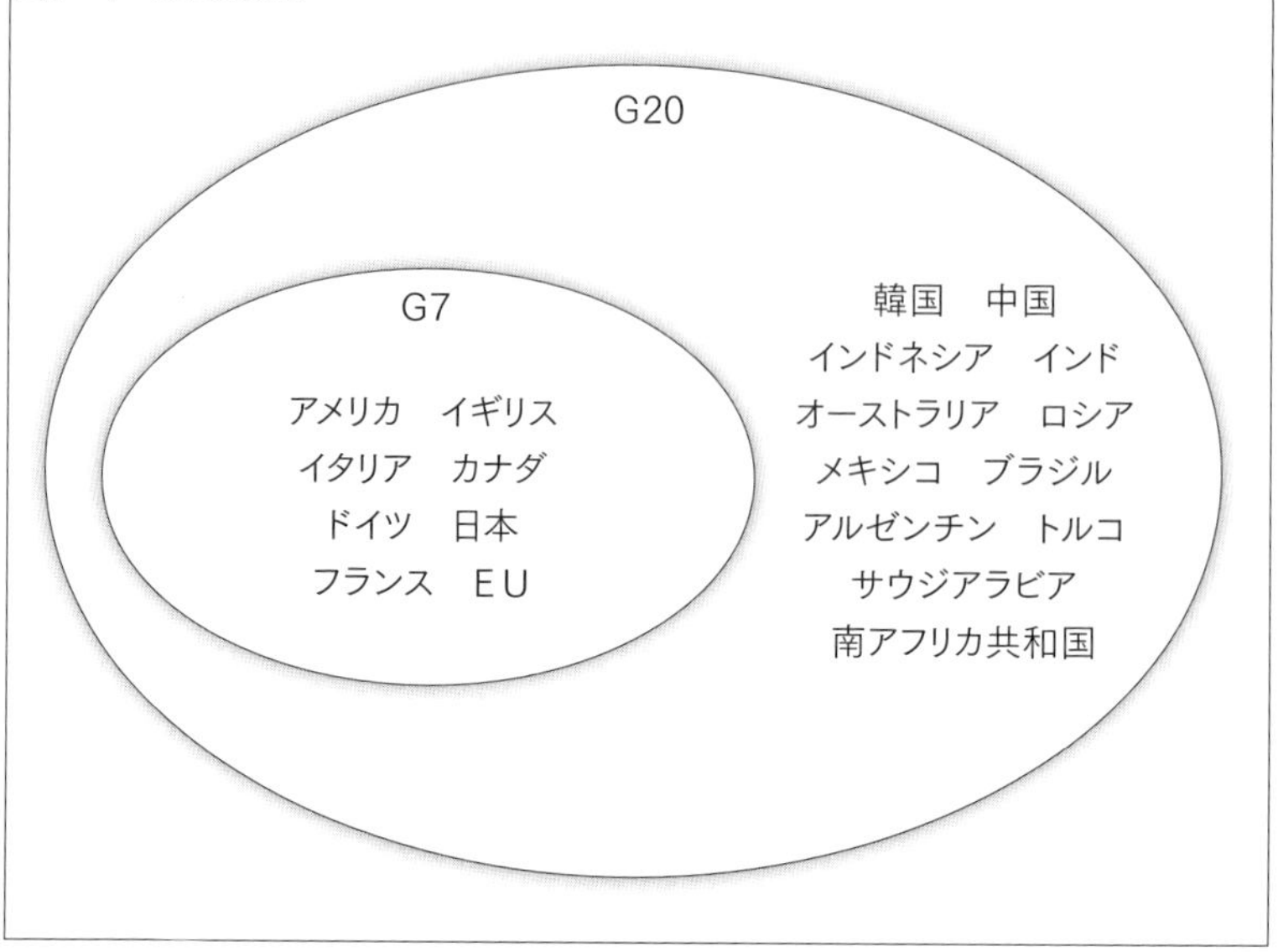

Ｇ20には、Ｇ７の七か国とロシアに加え、アジア・太平洋から韓国、中国、インド、インドネシア、オーストラリアが、南北アメリカからメキシコ、ブラジル、アルゼンチンが、中近東・アフリカからトルコ、サウジアラビア、南アフリカ共和国が参加しています。いずれも経済力を理由に選ばれた国々です。ちなみに、Ｇ20ではＥＵも数に入れて全部で二十と数えます。

さて、Ｇ７については、サミットだけでなく、「Ｇ７財務相・中央銀行総裁会議」もよくニュースで取り上げられます。Ｇ７各国の経済政策の協調を図る重要な舞台となっているからです。

先進国の財務相・中央銀行総裁会議は、一九七三年の石油危機のとき、対応策を協議するために、アメリカ、イギリス、ドイツ、日本、フランスの五か国が非公式会合として始めました。そこに参加していた財務相が後に大統領や首相になり、一九七五年にサミットを創設するのです。

この五か国の財務相・中央銀行総裁会議は、その後も非公式のまま続けられました。しかし、ドル安介入を容認した「プラザ合意」後の一九八六年の東京サミットで公式化され、当時の全メンバー(＝七か国)への拡大が合意されました。その後、サミットのほうは一時ロシアを加えてG8になりましたが、財務相・中央銀行総裁会議はG7のままでした。

サミットと財務相・中央銀行総裁会議は、お互いを作り合うように発展し、現在に至っています。両者はGの後の数字が変わることはあっても、基本的に一体のものです。

一方、G20の創設を決めたのは、一九九九年のケルン・サミットにおけるG7財務大臣会合です。アジア通貨危機(一九九七年)やロシア通貨危機(一九九八年)を受けて、国際金融システムの議論には新興国の参加が不可欠だと判断されたためでした。

当初は財務大臣会合だけでした。しかし、二〇〇七年に始まった世界金融危機に対処するため、二〇〇八年からG20は年に一度、首脳会議も開くようになりました。

こうした経緯を見ると、G7とG20の共通点に気づきます。第一に、G7もG20も「経済危機への対応策を協議する必要性」が発展の原動力になっています。第二に、どちらも広い意味でのサミット・メカニズムに属しているのです。

実際、G20はG7を拡大して作った協議体です。G7に対抗するために、だれかがG20を呼びかけたわけではありません。経済の議論では新興国の存在を無視できないので、G7は拡大会合のつもりでG20を組織した、というのが正しい理解だと思います。

G7とG20にはちがいもあります。メンバーがちがうだけではありません。ともに首脳会議が開かれていますが、議論される内容がG20では経済問題に限定されているのです。もちろん例外はあります。二〇一三年のG20首脳会議では、夕食会で潘基文《パン・ギムン》国連事務総長がシリア情勢について報告し、これをきっかけに議題にはなかったシリア問題が議論されました。ただし、これが唯一の例外です。ふだんは政治の話はしません。

G7の参加国は、民主主義や自由、人権や国際法秩序の尊重などについて、共通の認識を持っています。しかし、G20の参加国のあいだでは、基本的な価値観に大きな開きが見られます。したがって、G20では、おそらく外交・安全保障面での政策協調はできないでしょう。ですから、G20があるからG7はもう不要だ、とはなりません。

改めて歴史を整理すると、こんな感じです。サミット・メカニズムは当初、政治を含む議論全般をG7で、そして経済政策の具体的調整をG5でやっていました。これを簡略化して「政治G7＋経済G5」と表すこととしましょう。その後、「政治G7＋経済G7」となり、ロシアの参加で「政治G8＋経済G7」になりました。そして最近では、「政治G7＋経済G7・G20」になっている、ということなのです。

繰り返しますが、G7とG20は対立しあう存在ではありません。どちらか一方だけで十分、というものでもありません。G20はG7の延長線上にあるのです。その点を勘ちがいしないようにしてください。

発足時はG6

サミット・メカニズムは意外に柔軟です。制度のあり方が、「憲法」や「国連憲章」のような文書できっちり決められているわけでもありません。必要があれば、「G」のうしろに付く数字だって変えることができます。つまり、新しいメンバーを迎え入れることだって自由にできるのです。

とはいっても、これまで「G」の後の数字が変わったのは三回だけです。G6がG7になったとき、G7がG8になったとき、そしてG8がG7に戻ったときです。

すでに述べたように、サミットは一九七三年の経済閣僚の非公式会合を背景に発足しました。一九七五年の最初のサミットでは、アメリカ、イギリス、ドイツ、日本、フランスの五か国に加え、イタリアも参加を認められました。政治的に不安定だったイタリアを加えたほうが、ヨーロッパ全体の安定に役立つのではないか、というドイツのシュミット首相の提案が受け入れられたためです。その結果、サミットはG6でスタートします。

一九七六年の第二回サミットはアメリカで開催されました。議長国アメリカの主張が通り、この年からカナダが正式メンバーとなりました。サミットはG7になったのです。発足当初のサミットは経済協議が中心でした。参加国はすべて「先進国」でした。ですから、当時はなんの疑問もなく「先進国首脳会議」と呼ばれていました。

国の規模は小さくても経済力の点で「先進国」と呼べる国は、ほかにもありました。参加基準が「先進国である

写真1－1　第1回ランブイエ・サミット(1975年)　日本からは三木首相が参加

こと」なら、ヨーロッパのいくつかの国も加えなければなりません。しかし、それでは参加者が増えすぎてしまいます。

そこで、一九七七年の第三回サミットは、EU（欧州連合、当時はEC＝欧州共同体）を参加させることにしました。これならば、オランダやデンマークもサミットと関わりが持てます。そして、EU委員長のほか、EUの議長国首脳の参加も認めました。この結果、たとえばオランダがEU議長国のときは、オランダ首相もサミットに参加しました。

ちなみに、EUは二〇〇九年から首脳会議（欧州理事会）に常任議長（任期二年半）を置いて、「大統領」のようにEUを代表させることとしました。そのため、二〇一〇年のサミットから、EUはこの「大統領」と、EUの政府（欧州委員会）を代表するEU委員長の二人を「首脳」として参加させています。

今ではEUは二八か国の地域機構になっています。ですから、サミット・メカニズムは三一か国（EU諸国と日本、アメリカ、カナダ）の政策に直接的に関与していることにな

写真1－2　ブリュッセル・サミット（2014年）　G7に参加する首脳は9人！

ります。G7と呼ばれていますが、正規メンバーへの影響力という観点からすると、実態はG31なのです。それに、討論に参加する首脳はEUからの二人を入れて九人です。G7だから参加する首脳は「七か国の七人」などと思い込まないようにしましょう。

G8時代の始まり

サミットの歴史には「G8」になった時期がありました。形式的には一九九八年から二〇一三年までです。実態としては、もう少し早くから「G7＋1」でした。簡単に振り返りながら、あわせてサミット・メカニズムの特徴について考えてみましょう。

一九七〇年代はまだ東西冷戦の時代でした。社会主義諸国の盟主であった当時のソ連は、サミットを「資本主義国のあがき」などと呼んで、バカにしていました。とはいえ、日米欧の政治的連携が脅威でなかったはずはなく、たとえば一九八〇年、ソ連はサミットが開かれる日に、侵攻中のアフガニスタンからの部分撤退を発表しました。ソ連に対する強硬姿勢をサミットが決定するのが怖かったからにちがいありません。

ソ連は一九九一年に崩壊します。その直前、G7首脳はソ連のゴルバチョフ大統領とサミットの場を利用して会談しました。実質的なソ連・ロシアのサミット参加は、このときからと言ってよいでしょう。この会談後、G7はソ連の国際通貨基金（IMF）と世界銀行への特別加盟を決定しました。崩壊間近のソ連を経済的に支援する体制を整えたのです。その後もしばらく、ソ連崩壊後のロシアへの経済支援はサミットの主要議題となり、G7が国際機関などに働きかけて対応策がとられました。

一九九四年、ロシアはサミットの「パートナー」となり、政治討議に招かれるようになりました（経済討議には不参加）。公式にいわゆる「G7＋1」がスタートしたのです。

そして、一九九七年のサミットでついにロシアは正式メンバーと認められました。これを受けて、一九九八年からサミットの名称は「G8」に変更されます。通称も「先進国首脳会議」から「主要国首脳会議」に改められました。ロシアは「先進国」と言える状況になかったからです。

ロシアが国際金融などを含むすべての議論に参加するようになったのは、二〇〇三年からです。初めて議長国をつとめたのは二〇〇六年のサンクトペテルブルク・サミットでした。サミットとの連携を始めてから十五年かかって、ロシアはようやく一人前のサミット・メンバーになれたわけです。

では、「西側先進国」の集まりであったG7が、徐々にとはいえ、なぜ異質なロシアを受け入れていったのでしょう?

私は、サミット・メカニズムがグローバル・ガバナンスを担っているからだと考えます。ソ連は東欧諸国を始め、多くの国に政治的影響を持つ「大国」でした。そのソ連が崩壊したのですから、世界中に混乱が広がらないように、サミットはロシアと一緒に対処する道を選んだのです。それに、核保有国の崩壊は史上初の出来事でした。新たに誕生したロシアが不安定だと、核兵器がきち

写真1－3　ロシアの正式参加を決めたデンバー・サミット(1997年)　左端が橋本首相

んと管理できなくなるというリスクもありました。つまり「このままではまずい」という緊張状態のなか、サミットは旧敵と対話し仲間にしていくという決断をしたのです。

サミットが柔軟だからこそできたことだと思います。先進国の経済政策の調整のために誕生したG7が、冷戦後の世界の安定のために、主要国の集まりであるG8として自分を定義し直したわけですから。

G8時代の終わり

さて、ロシアは二〇〇〇年からプーチン大統領の時代に入ります。二〇〇八年に大統領の任期(二期八年、三選禁止)が終わったとき、プーチン氏は腹心のメドヴェージェフ首相を大統領に据え、みずからは首相となって政治的影響力を保ちました。そして二〇一二年に再び大統領に就任したのです。その直前、大統領の任期は「一期六年を二期まで」と改正されました。これで制度上、プーチン氏は二〇一八年まで、さらに再選されれば二〇二四年まで、大統領職にとどまることができるようになりました。

Column 日本のホンネは反対

ロシアのサミット参加については、欧州諸国が積極的、日米は消極的と、意見が対立していました。特に日本は、北方領土問題があることから、ロシアの参加には一貫して否定的でした。冷戦崩壊直後も、ロシアの立て直しを図ろうとする動きのなか、日本はサミットの公式文書に「領土問題の早期解決」を盛り込ませることに力を入れました。

1997年のデンバー・サミットのさい、議長国アメリカはロシアの正式参加を受け入れました。これでロシアの参加に否定的なのは日本だけになってしまったのです。ロシアのエリツィン大統領は日本の懐柔を試みます。サミット前の日ロ首脳会談では、日本に向けられていた核ミサイルの照準をはずすと約束。サミットでは日本とドイツの国連安保理常任理事国入りを支持すると発言しました。結局、日本も折れざるをえなかったのです。

なお、同年11月にロシアで行われた日ロ首脳会談では、「2000年までに平和条約を締結できるよう全力を尽くす」とのクラスノヤルスク合意が結ばれました。この外交上の成果は、ロシアのサミット入りを容認した橋本首相への、エリツィン大統領からの御礼だったのかもしれません。

言うまでもないことですが、まともな民主主義の国なら、四半世紀ちかく一人のリーダーが君臨することはありえません。そういうことを可能にする制度も持たないでしょう。しかし、ロシアは今、「個人支配」が顕著な国になっています。サミットの共通の価値である民主主義と相容れない政治哲学の国になってしまったのです。

二〇一二年、再選されたばかりのプーチン大統領はサミットを欠席し、代理としてメドヴェージェフ首相を出席させました。サミットの歴史のなかで首脳の欠席通告はこれが初めてです。欠席理由は、就任直後なので組閣などに専念したい、というものでした。しかし、就任は五月でも当選は三月に決まっていたのです。しかも、アメリカがこの年のサミット議長国だったので、いろいろな憶測が飛びました。

アメリカのオバマ大統領が、選挙を理由に、ロシアで開催されたアジア太平洋経済協力会議(APEC)の首脳会議に欠席すると決めたことへの報復措置だ、という見方もありました。イランの核兵器開発への備えとしてアメリカが東欧諸国で進めているミサイル防衛(MD)計画に、ロシアが反発を強めている証拠だ、という解釈もありました。いずれにしても、プーチン大統領は再選後初のサミットで、自身のG8復帰をアピールしようとはしなかったのです。

二〇一三年のサミットでは紛争の続くシリア情勢をめぐって、アサド政権を支持するロシアのプーチン大統領が矢面に立たされました。他の七か国がアサド政権を問題視していた以上、プーチン大統領は強く批判されたにちがいありません。「G8ではなくG7+1だった」(カナダのハーパー首相)の指摘まで出ました。

二〇一四年一月、順番通りロシアはサミット・メカニズムの議長国になりました。そして、その年のサミットは、冬季五輪を開いて有名になったソチで六月に開催されることも発表されました。

しかし、二月以降、ロシアの隣国ウクライナの政治情勢が悪化します。親ロシア派と、親欧州派の対立

図1－2　G7→G8→G7

1991	実質的なソ連のサミットへの参加 （ソ連大統領とサミット首脳がこの年から会談） 年末にソ連は崩壊
1994	G7＋1がスタート　（ロシアがサミットのパートナーに）
1997	ロシアが正式メンバーに決定
1998	サミットの名称がG8に変更
2000	プーチン氏、大統領に就任
2003	ロシアがサミットのすべての会議に参加
2006	ロシアでサミット開催 （プーチン大統領の故郷サンクトペテルブルク）
2012	プーチン氏、大統領に復帰
2014	サミット、ロシアを追放　（ウクライナ問題が引き金） サミットの名称はG7に回帰

が激化したのです。三月には、親ロシア派の武装集団がウクライナのクリミア地方を支配し、独立を宣言しました。しかも、その直後、ロシアと条約を結んで、ロシアの一部になってしまいました。親ロシア派の武装集団をロシアが支援していたのは、明らかでした。

この事態に、ロシア以外のサミット参加国の首脳は「緊急会議」を開きます。そして、ロシアを非難し、ソチ・サミットへの不参加を決めました。同時に、サミット・メカニズムの全活動についてロシアの参加停止を表明しました。これによりロシアは大臣会合にも招かれなくなりました。

ロシアの代わりは、ふだんは開催国にならないEUがつとめました。二〇一四年のサミットは、EU本部のあるベルギーのブリュッセルで、七か国とEUの首脳だけで行われました。G8は再びG7に戻ったのです。

ロシアが独善的な大国主義に傾斜していった以

上、G8からの離脱は時間の問題だったと私は思います。外交・安全保障を含め、各国の政策と協調させる場であるサミット・メカニズムに、「大国」意識を高めたロシアは居心地の悪さを感じていたはずです。メンバーでいつづけたとしても、ロシアは会議をさぼったり、決議を遵守しなかったりして、消極的にしかサミットに関わろうとしなかったでしょう。プーチン大統領には、「非難されるくらいなら参加しない」という思いが前々からあったように思います。

G7首脳は二〇一四年三月の緊急会議の宣言で、ロシアの行動は「自分たちが共有する信念や責任とマッチしていない」と指摘しました。この「信念や責任」とは、同年六月のブリュッセル・サミットの宣言の言葉を使えば、自由と民主主義の普遍性、平和と安全の促進、永続的な成長・安定、人権や法の支配の尊重、開かれた経済・社会・政府の形成などのことです。

こうした価値観の共有を期待されてサミットの正式メンバーになったロシアは、結果的にはそれを拒み、サミットから抜けることになりました。二〇一四年は、奇しくもサミットにとって四十回目の記念年です。『論語』には「四十にして惑わず」とあります。ブリュッセル・サミットは、G7が信念と責任を共有する主要国の集まりであることを再認識し、しばらくはG7で行くと覚悟を決めた「不惑のサミット」になったと言えるかもしれません。

アウトリーチ会合

ここまで、サミットについて、正式メンバーがG6・G7・G8の時代を見てきました。さらに、参加する首脳がこの枠を超えて広がったことにも触れておかなければならないでしょう。

近年のサミットでは「拡大会合」が開かれています。アウトリーチ(＝外へ延ばす)とも呼ばれています。具体的には、①アフリカや途上国を代表する国の首脳との会合、②新興五か国の首脳との会合、③国際機関のリーダーの会議への参加の三つを意味します。

本格化したきっかけは、日本が議長国をつとめた二〇〇〇年の九州・沖縄サミットです。沖縄で公式日程が始まる前に、G8首脳が東京で、途上国を代表する首脳たちと会談したのです。アフリカからの三首脳に加え、アジアからもその年のASEAN(東南アジア諸国連合)議長国のタイの首相が参加しました。

この年以降、ロシア離脱があって例外的となった二〇一四年を除いて、すべてのサミットにアフリカ・途上国を代表する首脳が参加しています。アフリカの開発支援が議題となることが多いため、近年のサミットには特にアフリカから、AU(アフリカ連合)議長国首脳を始め数人の政治リーダーが招かれています。もちろん、議題によっては他の地域の首脳も加わります。二〇一五年にはイラクの首相が参加しました。

国際機関の長も、こうした会合にしばしば参加します。常連は、国連の事務総長、国際通貨基金の専務理事、世界銀行の総裁です。このほか、議題に応じて、関連する国際機関の長が招かれます。

こうした実態から見ても、サミットはもう先進国だけの首脳会議ではありません。今やサミットは、グローバル・ガバナンスに関心を持つ主要国首脳が、途上国を代表する首脳たちと意見交換する、重要な政治討議の場なのです。そしてそこには、国際機関のリーダーたちもやってきます。グローバル・ガバナンスの実務を担う国際機関も、サミットの議論に加わらないわけにはいかないのです。

さきほど、G7サミットは七人の会議ではなく、EUからの二人を加えた九人の会議だと言いました。訂正しなければいけません。近年のサミットは、正式メンバーだけで行う十人弱の首脳会議と、十五〜二十人が参加する拡大首脳会合の二つから構成されている、というのが正しい言い方です。意外に多くの首脳が集まってくる、という事実を見過ごさないようにしましょう。

サミットは新興国へのアウトリーチも進めました。特に新興五か国、すなわちインド、中国、ブラジル、メキシコ、南アフリカとの拡大会合は、一時期、恒例化していました。ロシアはＧ８に含まれていましたから、ＢＲＩＣＳと呼ばれる主な新興国は網羅されていたわけです。

新興五か国が初めて参加したのは、二〇〇三年のエビアン・サミットでした。このときは、公式日程とは別に、フランス主催の独自会合として、Ｇ８と新興国・途上国との対話が行われました。五か国はそこに招待されたのです。しかし、二〇〇四年のシーアイランド・サミットには招かれませんでした。議長国アメリカが、中東七か国の首脳との対話や、アフリカ六か国の首脳との対話を重視したためでした。

新興五か国の首脳の参加が当然と見なされるようになったのは、二〇〇五年からです。気候変動といったテーマでは、中国など新興国との意見交換が不可欠と判断されたためです。その後、二〇〇九年までの五年間、この「Ｇ８＋５」の拡大会合は続けられました。

このころは、「Ｇ８＋５」はすぐに「Ｇ13」へと発展する、との意見が多く聞かれました。しかし、世界金融危機を受けて二〇〇八年にＧ20が首脳会議を開くようになると、逆に「Ｇ８＋５」は不要になりました。二〇一〇年、議長国カナダは、Ｇ８サミットと連続してＧ20サミットを開催しました。これ以降、Ｇ８の場で「＋５」の拡大会合は開かれていません。Ｇ８＋５はＧ20にバトンを手渡したのです。

新興国をどう取り込むのかは、サミットの大きな課題でした。サミットの拡大会合におけるアウトリーチ方式での参加は、Ｇ20首脳会議の定例化で終了し、結果的にはサミットの正式メンバーに加えないかたちで決着しました。Ｇ13にはならず、Ｇ７とＧ20の併存に落ち着いたわけです。

もちろん将来、「新興国」のどれかが積極的にグローバル・ガバナンスに関わって「主要国」となり、G20からG7に移ってくるかもしれません。サミット・メカニズムは柔軟性が特徴ですから、Gのうしろの数字が増えたり減ったりしても、なんの不思議もないのです。ただし、ロシアが残した苦い思い出がある以上、基本的な政治理念の共有がきちんと確認できないと、数字が増えることはないでしょう。サミットは、たんなる「大国」の集まりではなく、自由、民主主義、国際法の遵守、市場経済などを大切に思い、グローバル・ガバナンスに一役買おうとする「主要国」の集まりなのですから。

写真1－4　洞爺湖サミットの記念撮影　参加した首脳は22人！

Column **日本のねらいは〝末広がり〟？**

2008年の洞爺湖サミットでは、G8の首脳会議に加え、「G8＋5会合」、「アフリカ諸国との拡大会合」、「主要経済国会合」が開かれました。アフリカ会合には8か国の首脳が招かれました（ただしエジプトは欠席。アフリカ連合委員長が参加）。主要経済国会合では、「＋5」の5か国と、インドネシア、オーストラリア、韓国の合計8か国の首脳が、G8首脳と地球温暖化対策を議論しました。

もしかしたら、議長国日本のねらいは参加する主要国、新興国、途上国の数を末広がりの「8」でそろえることだったのかもしれません。実際には、南アフリカが2会合に参加し、エジプトが欠席したため、洞爺湖サミットに参加した首脳は22人でした。さらに国際機関の長が6人参加しました。

こんなにたくさんの首脳が集まったのですから、失礼のないように「おもてなし」をするだけでも大変だったにちがいありません。

chapter: 2

サミットの理論

覇権国アメリカの限界

国連には本部も基本文書(＝国連憲章)もあります。ところが、サミットには本部がありません。組織や活動ルールを定めた文書もありません。サミットは、国連のような「国際機関(international organization)」ではないのです。

サミットは、メンバーが順番に議長となって運営します。そして、「また来年もやりましょう」という感じで、毎年、続けられてきました。とは言っても、普通の首脳会談とは大きく異なります。同じ「枠組み」で閣僚会合や専門家会合なども活動しているからです。この「枠組み」が一つの単位となって、さまざまな分野で政策協調を進め、共同して国際社会に働きかけます。サミットは、表面的には七か国の協議体(consortium)なのですが、そこを起点に活動が広がるような仕組み、つまり「メカニズム」になっているのです。

いろいろな企業や公的機関の代表が参加する、「推進協議会」みたいなものをイメージしてもらうとよいかもしれません。協議会で何かが決定されると、参加している組織や関連団体が動き出します。そういう協議会的な雰囲気で、サミットは長期的かつ定期的に開かれているのです。

このサミット・メカニズムは四十年以上も続き、グローバル・ガバナンス（地球統治・地球管理）に一定の役割を果たしてきました。どうしてそう言えるのか。ここでは理論的な考察をしてみましょう。

国際情勢を安定させる条件については、大きく二つの考え方の流れがあります。一つは「力」を持った国の役割を重視する理論の流れで、「現実主義」と呼ばれています。国際社会から紛争や対立はなくならないので、力のある国がそれを使って秩序と安定をつくりだそうとするのは仕方ない、あるいは望ましいと考えます。

この理論グループのなかには、圧倒的な政治力・経済力を持つ国、すなわち「覇権国（hegemony）」がないと世界は安定しない、と主張するものもあります。十九世紀はイギリスが覇権国となって「パックス・ブリタニカ」（英国による平和）を実現させた。しかしドイツの挑戦を受けて世界大戦を戦った結果、イギリスは衰退してしまった。そこで、アメリカが覇権を引き継ぎ、ソ連の挑戦を受けながらも、世界の政治経済の秩序維持に力を尽くしてきた。そういう見方をするのです。

サミットをこの理論で位置づけると、「アメリカの覇権の補完」ということになります。一九六〇年代後半、アメリカはベトナム戦争を戦い、疲弊していきました。第二次世界大戦後の国際経済は金とドルとを基軸通貨としていましたが、ついに一九七一年、アメリカは金とドルとの交換停止を発表しました（ニクソン・ショック）。アメリカ主導の国際通貨体制が変わり始めたのです。しかも一九七三年には、産油国の資源ナショナリズムを背景とした第一次石油危機があり、先進諸国にはインフレや景気の低迷がおそいかかりました。

理論的には、一九七五年にサミットが始まったのは、アメリカ一国による覇権的安定にかげりが見えてきたためなのです。サミットの発足を働きかけたのは、フランスのジスカールデスタン大統領とドイツのシュミット首相でした。サミットは「覇権国支配に代わる主要国の集団管理体制」と理解され、それはすなわち、衰退するアメリカに代わってフランスやドイツが国際的威信を発揮するチャンスと思われていたわけです。

その後、米ソの冷戦が終わると、これでアメリカが「世界の警察官」になったとか、「アメリカ一国主義」の時代になったなどと言う人が出てきました。しかし実際には、アメリカはとっくの昔に「一国による覇権の維持」をあきらめています。サミットがある以上、完全な一国主義にはなれないのです。

なお、アメリカの通貨管理や経済政策、さらには他国への政治的介入などは、しばしばサミットの議題にされ、フランスをはじめとする他の参加国から批判されてきました。サミットはアメリカの国際的影響力の維持に力を貸しながらも、他の先進国がアメリカに対して言うべき文句を言える場所となってきたのです。

Column **サミットで激論？**

サミットでは首脳どうしが激しく論争することがあります。歴史的に見て、おそらく一番の激論は、1980年代前半のアメリカとフランスの大統領によるものでしょう。当時のフランス大統領は社会党のミッテランでした。一方、アメリカ大統領は保守的なことで知られたレーガンでした。

この時期は、サミットがソ連への対抗意識を丸出しにした「政治サミット」の時代に当たります。日本の中曽根首相やイギリスのサッチャー首相がレーガン大統領の意見を支持したのに対し、ミッテラン大統領はサミットが対ソ強硬論に傾くことに最後まで抵抗しました。そして、自分が議長となった1982年のヴェルサイユ・サミットでは、政治をほとんど話題にしませんでした。

経済政策でも、ミッテラン大統領はアメリカの新しい経済政策「レーガノミックス」への警戒と反発を隠しませんでした。国際通貨市場への介入の是非についても、アメリカとフランスは両極端の意見を述べ合ったと言われています。

激論はいけないわけではありません。むしろ、激論するほど意見がかけ離れているからこそ、会って話をすることに意味があるのです。

国連での世界協調の限界

理論の系譜の話に戻りましょう。現実主義とは異なるもうひとつの理論グループに、「制度主義」があります。大まかに言えば、多数の国が協調的であれば世界は安定するという理論です。「みんな仲良く」である以上、現実主義との比較で言えば、理想主義的です。たとえば制度主義理論の一つは、相互依存関係が深まれば戦争などしないはずだ、などと指摘します。これはたしかに、そのとおりではあるのです。

ただし、制度主義の理論の原点とも言える「国連による国際秩序の形成」については、現状を見るかぎり、手続きや実行力の点に問題点を見いだすことができます。

そもそも国連には二百弱の加盟国があります。国連総会では、それだけ多くの国が一国一票で投票して、多数決でものごとを決めるのです。これらの国のあいだには、人口や経済力などの点でかなりの格差があります。でも「主権国家平等の原則」がありますから、大国も小国も一票ずつ行使するのです。

これでは小国の発言力が強まります。小国は数が多く、まとまれば多数決で有利だからです。しかし、それで実行力のある決定ができるかは疑問です。

そのため、国連は大国の利害が決定に反映するように、特に重要な安全保障理事会において「五大国」を常任理事国と定め、強い権限を与えています。ただし、国連発足からずいぶん時間がたっても、国連は「大国」の定義を変更していません。経済力の点では立派な「大国」になった日本やドイツは、国連ではおよそ二百ある加盟国の一つにすぎません。いつまでたっても大国扱いされなかったのです。

サミットは、国連にこうした問題があるからこそ発達したメカニズムと言えるかもしれません。この約四十年間、日本やドイツは国連の大国になれなくても、サミットでは主要国扱いされてきたのですから。

一でも二でも二百でもない利点

アメリカ一国の「覇権的支配」も、国連に象徴される「全世界協調」も、ともに課題をかかえています。ならば、「主要国協調」という点で両者の折衷的存在であるサミットが重要度を増していったとしても、なんの不思議もないでしょう。サミットが、実行力を持った一定数の主要国によるグローバル・ガバナンスのためのメカニズムへと発達していったのは、国際政治経済におけるアメリカ中心主義の欠点と国連中心主義の欠点をともにカバーできるからだ、と考えられるのです。

もちろん、サミットだけが現在の世界秩序の形成者になっている、などと言いたいわけではありません。

図2－1　サミットの利点

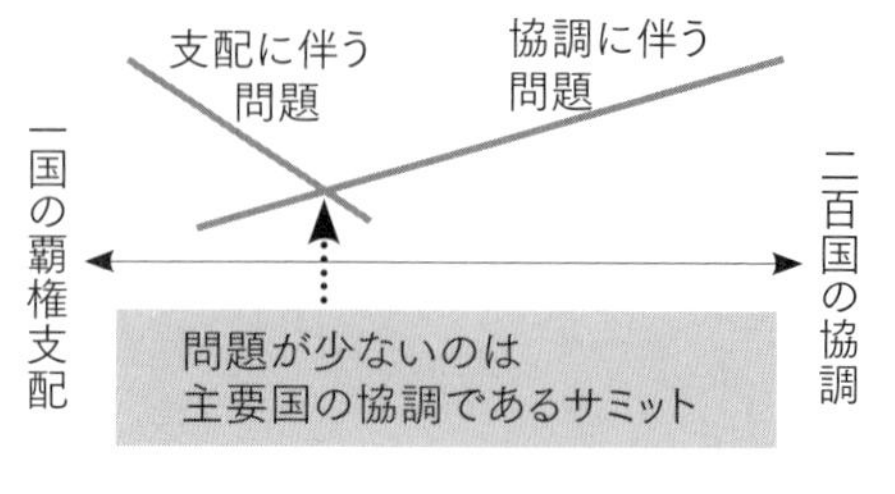

現在の世界秩序は、アメリカ主導、サミット主導、国連主導の三つを使い分けるかのようにして維持・形成されている、と見るべきです。ただ、サミットには、アメリカ大統領はもちろん、国連事務総長も参加します。そのため、サミット・メカニズムが他の二つに働きかけることも珍しくありません。サミットでアメリカ主導の対策がチェックされることもあれば、国連主導の対策に必要な支援が合意されることもあります。

ところで、世界秩序については、その維持・形成に参加しようとしない国やあえてそれを無視する国があります。一般に、力をつけてきた国ほどわが道を行こうとします。最近では、わがままな国が増える一方で、それをとがめるはずの覇権国や国際機構が機能を低下させている、と感じている人もいます。こうしてもたらされる国際社会の無秩序化を「Gゼロ時代」などと呼んで、心配する人もいるようです。

たしかに、新興国が台頭したため先進国の地位は相対的に低下しました。また、環境問題をめぐる多国間交渉などを見ていると、国際協調メカニズムが機能不全に陥っているようにも感じられます。そのため か、「Gゼロ論」以外にも、今後の地球規模の問題の解決には先進国を代表するアメリカと途上国・新興国を代表する中国が手を組むしかない、という「G2論」(米中二国主義)を唱える人もいます。

ほかにも、新興国が地域を越えて結束し先進国グループに対抗する時代が来る、などと予言する人もいます。

しかし、私はどの意見も現実化しないだろうと思います。国際社会は常にいろいろな対立に満ちています。サミットができた後も、米ソは冷戦状態にあり、産油国が資源を武器に先進国に挑戦的な態度をとっていました。G2やGゼロと呼んでもおかしくない状況にあったのです。それに、もし国際秩序が揺らぎ続けるのであれば、サミット・メカニズムは新たな対応策を考えるはずです。世界金融危機に対処するためにG20を創ったときと同じです。世界がいかに混乱しても、すぐに「Gゼロ」になるようなことはないでしょう。

アメリカと中国がともに協力的でないと、環境問題のような世界的課題の解決はむずかしい、という指摘は正しいと思います。ただ、だからといって、米中二国でなんでも決めるという「G2時代」にはならないでしょうし、なるべきでもありません。そもそも両国は政治的価値観を異にしています。打算で一時的に手を組むことがあっても、あらゆる分野で米中が政策協調しながら国際社会をリードしていく、といったことは考えられません。

新興国と先進国のチーム・バトルも、私には空想に見えます。万一、そうした事態になれば、柔軟性が自慢のG7は価値観の近い新興国を取り込むにちがいありません。経済の点から見れば「新興国」という共通点があっても、中国とインド、あるいはロシアとブラジルでは、政治的な価値観や外交上の結びつきに大きなちがいがあります。インドやブラジルは、与野党の政権交代もある民主主義の国です。両国は日本やドイツとともに、国連安保理の常任理事国入りを目指しています。したがって、もしサミットが両国に参加を呼びかけたとしたら、喜んで応じてくれるかもしれません。新興国だというだけで、かれらが中国やロシアと結束すると結論づけるのは早計というものです。

Gの後の数字は、変わりうるものです。一や二では覇権国の支配が強すぎます。かといって二百では決まらない政治になってしまいます。なので、その間のほどほどの数に収まるはずです。

現在、サミット・メカニズムには、G7に加え、G20、アフリカ諸国との拡大会合などがありますが、参加する首脳の数は、多く見積もっても二十数人です。ちゃんと意見を述べ合って、しかも最終的に一つの方向にまとめるには、そのくらいが限度だからでしょう。ちなみにスポーツでは、一つのチームが十五人を超える球技はほとんどありません。首脳たちの間にチームワークが必要だとすれば、コア・メンバーは十人前後がよいのかもしれません。

いずれにしても、主要国をメンバーとするサミット・メカニズムは、覇権的安定と世界的協調の二面性を持ち、それによってグローバル・ガバナンスに寄与しています。Gの後の数字が変化しても、この構造的優位性から見て、サミットの有効性が簡単に失われるとは思えません。むしろ、世界が混沌とすればするほど、サミット・メカニズムの出番が増えるのではないでしょうか。

内政と外交のリンク

ここまで「グローバル社会にサミットをどう位置づけるか」について、いわばマクロ理論的な考察を進めてきました。今度は、「参加する個々の国にとってのサミットの位置づけ」をミクロ理論的に考えてみましょう。ポイントはサミットが首脳会議であることです。

今では首脳会議は珍しくありません。EUでは年に四回も開かれていますし、他の地域機構も定例の首脳会議を開いています。国連も首脳会議の開催を呼びかけることがあります。しかし、サミット発足当時、年一回以上の定例の首脳会議を行っている国際機関はほとんどありませんでした。EU(当時はEC)の定例首脳会議も、第一回はサミットと同じ一九七五年十一月でした。

すでに述べたように、一九七〇年代は、通貨や資源をめぐる国際経済情勢に大きな変化がありました。すでに経済活動をグローバル化させていた先進国は、自国の経済状況が他国の政策の影響を受けや

Column グローバル・ガバナンス

「グローバル・ガバナンス(地球統治・地球管理)」については、国家や国際機関が担うべきものではなく、国際的なNGO(非政府組織)が行うべきことだ、という考え方があります。ようするに、「政府の失敗」を前提に、「政府の介入をできるだけ少なくして統治すること(governance without government)」を目指すのです。これだと、Gの後の数字はどれだけでも大きくなります。

グローバル・ガバナンスは、環境問題や貧困問題などの地球規模の課題に対処するために「国家の枠を越えて」行われる活動です。この「国家の枠を越えて」の解釈が、理想主義的には「国家の介入を抑制して」ということになり、現実主義的には「国家の協調によって」ということになるのです。

サミットでは現実主義の立場が取られています。グローバル・ガバナンスには、力のある主要国の政策協調が不可欠だという立場です。実際、主要国の経済が混乱すれば、それは途上国の貧困にもさらなる悪影響を及ぼすにちがいありません。地球環境の保護も、世界の平和も、主要国が問題解決に乗り出さないと、実現はむずかしいでしょう。

もちろん、これは「主要国だけで」という意味ではありません。「主要国が中心となってみんなで」という意味です。実際、サミットはNGOとの対話も行っています。

すくなったことに気づきました。これからは経済の相互依存を前提に、お互いの経済政策を調整しなければならないとわかったのです。

しかも、相互依存が進むにつれて、各国ではいろいろな官庁が国際交渉に従事するようになりました。外務省が行う「外交政策」以外に、各官庁がさまざまな「対外政策」を立案し、実施するようになったのです。国際政治と国内政治の結びつきは強まる一方でした。

政治経済の国際化に対応しようとすると、国内で官庁間の調整や利害関係者の説得が必要になります。もうここは政治家の出番です。大統領や首相といった各国政府を代表する政治リーダーたちは、内政と外交のリンクが強まった結果として、しだいに多くの首脳外交にのぞむようになったのです。

図2－2　首脳の役割の重要性

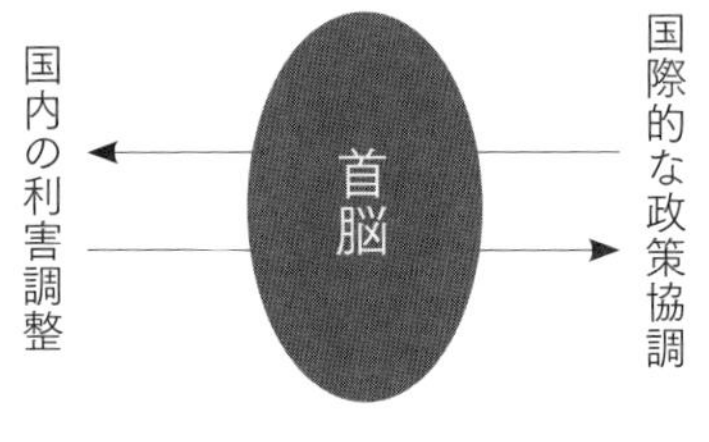

現在、日本の首相が毎年参加している多国間の首脳会議は、G7・G20のほかに、APEC（アジア太平洋経済協力会議）の首脳会議、ASEAN（東南アジア諸国連合）＋3（＝日中韓）の首脳会議、EAS（東アジア首脳会議）などがあります。このうちASEANは、国際機関としての体裁を整えていますが、ほかは設立協定を持たない会議中心の政策協調メカニズム、すなわち「協議体」です。

国際公約による内政の打開

首脳外交の増大により、首脳たちは世界を飛び回るようになりました。大変ですが、好都合なこともあります。議会からの厳しい追及を逃れて海外で羽を伸ばせる、といった話ではありません。内政と外交のリンクを利用して、内政を外交によって動かすという政治的なワザが使えるようになったのです。

一般に、外交交渉は自国の利益を国際的決定に反映させることを目的に行います。しかし、外交交渉で示された他国の要望を背景に、国内で利害調整を進めることも珍しくありません。これはよく「外圧」と呼ばれています。サミットでの合意事項は国際公約です。首脳が結んだ約束なので、たとえて言えば「外約」です。当然、「外圧」よりも重みがあります。

「サミットで決まったこと」という「外約」は、国内の政治的対立を克服するときの説得材料として利用できます。たとえば、一九九一年のロンドン・サミットでは、国連ＰＫＯ（平和維持活動）の強化と支援が表明されました。その翌年、日本は野党の強い反発のなか、「ＰＫＯ協力法」を制定しました。サミットの公約が後押しになったと言われています。

サミットで自国の政策を紹介し「お墨付き」を得ることも、内政にプラスの作用をもたらします。二〇一三年のロック・アーン・サミットでは、安倍首相が「アベノミクス」につい

Column **政治リーダーシップの復権**

サミットが発足したころ、首脳たちの参加意欲をかき立てた要素はほかにもあります。首脳の権威の回復です。前年の1974年には、政治リーダーの権威が失墜する事件が相次いで起きていました。アメリカのニクソン大統領、日本の田中首相、そしてドイツのブラント首相が、政治スキャンダルによって相次いで政権から追われたのです。また、イタリアでもイギリスでも、政党政治の混乱で困難な政権運営が続いていました。経済上の大きな問題をかかえているにもかかわらず、先進各国はその政治能力を十分に発揮できる状況になかったのです。

こうしたなか、サミットは発足しました。そして、首脳たちだけで自由な雰囲気で語り合う、といった点が強調されました。今もサミットは、各国首脳にとって、政治への不信感を打破し、政治リーダーの存在意義を示す場になっています。ただし、そのために、サミットを選挙向けのパフォーマンスに利用しようとする首脳も出てきます。政治家を主役にするサミットにとっては、宿命とでも言うべき問題です。

て説明し、その内容がコミュニケ（共同声明）に盛り込まれました。じつは日本については、財政健全化が課題である、とも書かれたのですが、政府は「G8各国が日本の経済政策を評価し、期待を寄せてくれた」などと、サミットでアベノミクスが認められたことを国民にアピールしました。

外交を内政に利用することは、議会軽視と批判されるかもしれません。しかし、代議制デモクラシーは、有権者が国民である以上、国内指向の政治をもたらしやすいという構造的弊害を持っています。しかも、国内の政策決定過程では、既得権益をもった集団が過大な政治力を行使することもあります。国民の支持を得た首脳が判断し締結した「外約」であれば、国内政治の硬直化を打破するために利用されてもかまわない。グローバル化という時代状況に対応するには、そういう考え方も必要かもしれません。

外交と内政がリンクすると、逆の問題も生まれます。外交が内政に干渉しやすくなるだけでなく、内政が外交

写真2－1　アベノミクスを説明したロック・アーン・サミットの会議（2013年）

に影響しやすくなるのです。ロシアがサミット・メカニズムから離れていったことを思い出してください。ある国のナショナリズムが強くなると、サミットにおける政策協調はとたんにむずかしくなってしまいます。首脳会議が有効性を発揮できるかどうかは、各国首脳の自国中心主義の程度に左右されるのです。

サミットは、国家に基盤を置きながら、多国間の政策協調を進め、グローバルな課題の解決に取り組まなければなりません。ナショナルな利益とグローバルな利益の両方を意識しながら交渉するのですから、高度な政治的判断が要求されます。

首脳たちは、国際社会における自国の名声や発言権が高まるように、ときには世界全体のことを優先させた意見を述べなければいけません。その一方で、帰国後に自国民から寄せられる評価も気にしながら、宣言文に盛り込まれる文章を点検しなければいけません。自分の選挙区や支持団体への利益誘導ばかり考えている二流の政治家には、きっとつとまらない仕事ですね。

chapter: 3

サミットの仕組み

サミットの開催時期

サミットの議長国は、参加国が持ち回りで担当します。順番は、フランス、アメリカ、イギリス、ドイツ、日本、イタリア、そしてカナダです。ロシアがメンバーだったときには、イギリスとドイツの間に入っていました。

二〇一六年のサミットの議長国は日本です。一月一日から一年間、日本は議長国となります。サミット開催後も年末までは、議長国としてフォローアップ会合を開いたり、大臣会合を主催したり、緊急会合を呼びかけたりすることがあります。

各国の首脳を招いて開かれる狭義のサミットは、通常、五月から七月の間に開かれます。一九七五年から二〇一五年までの四十一回のサミットのうち、それ以外の時期に開催されたのは第一回のランブイエ・サミットだけです(十一月)。

気候がいいから、というのも理由の一つかもしれません。しかし、最も大きな理由は、十一月にアメリカで選挙が行われることです(連邦議会選挙が二年に一度、大統領選挙が四年に一度)。ようするに、アメリカ大統領が確実に参加できる時期に落ち着いた、ということなのです。

もちろん、個々のサミットの日程は、参加国すべての政治日程に配慮して決められています。日本で開かれたサミットは、六月下旬から七月にかけてが多いのですが、これは通常国会の終了を念頭に置いて日程を決めたためです。

ただし、七月に参議院選挙が予定されている年は例外的に五月になります。一九八六年の東京サミットはなんと五月の連休中に開催されました。二〇一六年も参院選の年なので、伊勢志摩サミットも五月下旬に開かれます。余談ながら、一九八六年の東京サミットで議長をつとめた中曽根首相は、六月に衆議院を解散し、七月の選挙は衆参同日の選挙となりました。結果は自民党の圧勝でした

サミットの開催地

開催時期がわかったところで、開催地について見てみましょう。

第一回のサミットがパリ郊外のランブイエの古城で開かれたことからもわかるように、サミットの開催地の選定では「首脳たちが自由に語り合える雰囲気」が当初から重視されていました。首都で行われる一般の首脳会談とはちがう環境が望まれていたのです。

しかし、早くも第三回のサミットから、首都での開催が普通になってしまいます。イギリスはロンドンを、日本は東京を、三回連続でサミットの開催地に選びました。ほかの国も、首都や首都近郊、あるいは第二、第三の都市を開催地に選びました。第二十五回まではそんな感じだったのです。

選考基準が決定的に変化したのは、二〇〇〇年の九州・沖縄サミット(第二十六回)と翌年イタリアで開催されたジェノヴァ・サミット(第二十七回)によってです。ちょうど世紀の変わり目に、サミットの開催地に必要な条件が一変する出来事が発生しました。

日本で初めて地方開催となった沖縄サミットで、一番心配されたのは首脳の警備でした。沖縄では米軍基地に対する反対運動が根強くあります。返還後初めてとなるアメリカ大統領の沖縄訪問に向けて、基地反対運動が激化することも予想されました。しかもこの頃、世界では、先進国の政府間会議はなんであっても、反グローバリズムの運動の標的になっていました。事実、前年ドイツで開かれたケルン・サミットでは、三万人以上の人が「人間の鎖」をつくって会場を取り囲み、重債務貧困国の債務帳消しを力ずくで要求しました。

そこで沖縄サミットは、沖縄県名護市の部瀬名岬に、新たな会場「万国津梁館」を建設して開くこととなりました。岬ですから付け根を封じれば警備も容易です。そこに警察庁は全国から約二万人の警察官を派遣します。海上保安庁も船艇約百隻を投入し、海上を警備しました。その結果、沖縄サミットは大きなトラブルもなく、無事に終了しました。

対照的に、翌年のジェノヴァ・サミットは大都市の街中で開かれました。ヨーロッパ各地から過激なNGO（非

写真3－1　ジェノヴァ・サミットでの混乱（2001年）　La Gazzetta dello Sport

政府組織)が会場に押し寄せ、その数は二十万人を超えたと言われています。そして、その一部が警官隊と衝突し、一人の死者と数百人の負傷者が出ました。サミットは開催地に混乱と被害をもたらしたのです。

さらに、この年の九月、アメリカで同時多発テロが起きました。当初、二〇〇二年の議長国カナダは、サミット開催地をケベック市と発表していました。しかし、二〇〇一年の悲惨な出来事を見て、急遽、ロッキー山脈にある小さなリゾート地カナナスキスへと開催地を変更しました。

これ以降、開催地を隔絶された場所とする「リトリート方式」(隠れ家方式)が続いています。リトリート方式はカナナスキス・サミットから、と言われることが多いのですが、お手本は沖縄サミットなのです。

ちなみに、現在もサミットの開催に合わせて、いろいろな政治デモが行われています。サミットの会場周辺だけでなく、近くの都市や首都などで数千人規模のデモ行進があるのが通例です。過激なグループが含まれていることもあり、逮捕者も出ています。幸い、ジェノヴァ・サミット以外に、反サミットのデモ参加者から死者が出たケースはありません。

テロへの警戒も引き続き重要です。二〇〇五年にイギリスで開かれたグレンイーグルズ・サミットでは、開催地から離れた首都ロンドンで同時多発テロが発生し、五十六人が死亡しました。このときは、G8+5の首脳がただちに「暴力がサミットの取り組みを止めることを認めない」との声明を発表しました。

サミット期間中は、全国レベルで警備が強化されます。市民生活に影響も出ます。それでもサミットは開かれ続けています。主要国の首脳が集まって語り合うことは、それだけ重要なことなのです。

さて、最近のサミットがリトリート方式で開かれる理由はわかりましたが、警備しやすさのほかに、開催地に必要な条件は何でしょう？
まずは、首脳会議に適した施設があるかどうかです。ただし、問題が会議場だけなら、新規建設や修復で対応することも可能です。
では、国際空港からの移動の利便性はどうでしょうか。これも重要な要素ですが、ヘリコプターで移動することができれば、大きな問題にはなりません。事実、北海道洞爺湖サミットのさい、首脳たちは新千歳空港から洞爺湖町まで陸上自衛隊のヘリコプターで

Column **開催地の利益**

住民生活への負担が大きいにもかかわらず、日本で開かれる2016年のサミットには、8地域が名乗りを上げました。仙台市、軽井沢町、新潟市、浜松市、名古屋市、志摩市、神戸市、広島市の8地域です。「地域おこしの好機」と考えた自治体もありました。

実際、サミット開催には経済効果があることが知られています。2008年の北海道洞爺湖サミットの場合、開催に伴う直接的な効果だけで北海道に約350億円の経済効果があったと、北海道経済連合会では推計しています。期間中の観光客の減少といったマイナス分を差し引いても、それだけのプラスがあったのです。

また、サミット後の波及効果も大きく、国際会議や観光客の増加などで、その額は約280億円に及ぶと試算されました（北海道経済連合会「北海道洞爺湖サミット開催に伴う生産波及効果分析」、2008年10月）。しかもこれには、世界中から来る報道陣を通じての宣伝効果は含まれていません。サミットが開催されるような風光明媚な場所として世界に知られることは、観光産業にとって計り知れない恩恵にちがいありません。

もちろん、開催には費用が伴います。国のほか自治体も負担を余儀なくされます。2008年の北海道洞爺湖サミットでは、東京などでの警備費用を除く北海道向け経費だけで262億円かかりました。警備費用のほかでは、プレスセンターの建設・解体費用（120億円）に多くの経費が使われました。ただし、このプレスセンターは日本の環境技術の展示場の役割も兼ねていましたから、広告費をも含んでいたと考えるべきでしょう。

サミット開催は、費用はかかりますが、それ以上に地元にプラスの経済効果をもたらします。多くの自治体が誘致に積極的になるのも当然です。

もちろん、各国首脳が会議のために滞在したというのは、それだけでも名誉なことです。重要な合意が得られれば、その文書にも地名が付きます。たとえば、2008年の「国際保健に関する洞爺湖行動指針」がそれです。サミットは「開催地の栄誉」という精神的利益まで付与してくれるのです。

移動しました。アメリカ大統領だけは、専用ヘリコプターを持参し利用しましたが。

おそらく一番の課題は、関係者の宿泊先の確保でしょう。すでに述べたように、サミットには途上国や国際機関の首脳も参加します。首脳級のスウィートルームが人数分必要ですし、各国の随行員や開催を担う議長国のスタッフなどを含めると、千単位の客室が必要となるはずです。隠れ家的な会議場に加え、周辺に大規模ホテルがいくつも必要というのでは、条件を満たす場所はかぎられてきます。さらに、数千人の報道陣が世界各地からやってきます。ですから、警備と宿泊が開催地決定のカギとなるのです。

サミットの日程

サミットの首脳会議は、二日間あるいは三日間にわたって開かれます。G20がG7に引き続いて開催された二〇一〇年のムスコカ・サミット以降、拡大会合の減少を反映して、首脳会議は二日間の日程で開かれるようになりました。

三日間の場合は、たいてい初日は夕方だけで、三日目は昼までですから正味二日です。二日間の場合は、昼から昼まで、あるいは夕方から夕方までの実質一日のことが多くなっています。もちろん、その前後に二国間の首脳会議をしたり、訪問地の人たちとの交流活動などがあったりします。首脳たちは、かなり忙しく動き回ります。

首脳会議では、テーマ別の会合(セッション)がいくつか開かれます。加えて、日程表に「ワーキングランチ」や「ワーキングディナー」などの言葉が出てくるように、首脳たちは食事中もテーマを決めて議論します。日程は短いですが、それゆえ休み時間をあまりとらずに、次々と会議をこなしていくのです。それぞれのセッションは一時間半から二時間くらいですが、議論が白熱して予定をオーバーすることもあるといいま

図3－1　サミットの日程

2008年：北海道洞爺湖サミット（3日間パターン）

	1日目	2日目	3日目
午前		10:00 G8セッション（世界経済）	08:30 G8＋5セッション 10:00 拡大会合（主要経済国）
午後	12:30 拡大会合 ワーキングランチ（アフリカ諸国） 14:00 写真撮影 14:30 拡大会合（アフリカ）	12:00 写真撮影 13:00 G8ワーキングランチ（環境・気候変動） 15:00 G8セッション（開発・アフリカ）	12:05 写真撮影 12:30 拡大会合 ワーキングランチ（気候変動） 15:30 議長記者会見
夜	19:00 G8社交行事（よさこいソーラン その他） 19:40 G8社交ディナー	19:00 G8ワーキングディナー（政治問題）	

2015年：エルマウ・サミット（2日間パターン）

	1日目	2日目
午前		09:00 G8セッション（気候変動・エネルギー） 10:45 拡大会合（テロ対策） 会合後　写真撮影
午後	13:00 歓迎式典 G8セッション（世界経済） 写真撮影 15:00 G8セッション（貿易）	拡大会合　ワーキングランチ（開発、女性、保健、アフリカ） 14:30 議長記者会見
夜	社交行事 20:30 G8ワーキングディナー（政治問題）	

（写真撮影、社交行事、ワーキングランチの時刻は不明）

す。首脳たちにとっては、かなりのハード・スケジュールにちがいありません。

サミットでは、夜に社交行事(エンターテインメント)の時間も設けられています。首脳が配偶者と一緒にコンサートなどを楽しむのです。とはいえ、時間は短く、派手には行われません。儀式やイベントが多いと、遊びに来ているのか、という批判が高まります。開催地には首脳たちに見てもらいたい伝統芸能などがあるはずですが、そのための時間が取れないのは仕方ないのです。

セッションでは、議長が議題について冒頭発言をした後、まず各国首脳が順番に一言ずつ意見を述べて、それから討論に移るのが一般的なようです。

例外もあります。東日本大震災があった二〇一一年のドーヴィル・サミット

Column **J7ユース・サミット**

サミットで議論される問題は、世界中の子どもたちの将来の生活に大きな影響を与えます。2005年のグレンイーグルズ・サミットの議長となったイギリスのブレア首相は、「政府の優先課題を3つあげれば、それは教育、教育、教育である」と述べるほど教育政策に熱心でした。このブレア首相の発案で始まったのがジュニア・エイト(J8)サミットです(現在はJ7ユース・サミット)。サミット参加国の子どもたち(中学生・高校生)が、環境、貧困、教育などについて語り合い、その結果を首脳たちに提言しました。

今ではサミット参加国だけでなく、途上国の子どもたちなども参加しています。2015年は、各国の代表(6人ずつ)が8日間にわたって地球環境問題などについて討論し、その結果を議長国ドイツのメルケル首相に手渡しました。

写真3－2　J7ユース・サミット

写真3－3　議長国首脳に提言するJ7代表

（フランス）では、首脳たちが最初に集うワーキングランチで、議長のサルコジ大統領がサミットの口火を切る栄誉を日本の菅首相に譲りました。ドーヴィル・サミットは、東日本大震災の被災状況や原発事故への対応について日本の首相が説明し、G8首脳が日本との連帯の意思をはっきり示すことからスタートしたのです。

セッションの最後には、討論での合意事項がまとめられます。合意形成の基準は「大きな異議の不在」です。多数決で決めることは基本的にはありません。

写真の立ち位置が問題

サミットでは、主要国の協調を象徴するかのように、首脳たちが仲良く並んで記念撮影をします。その写真は世界に流されます。日本でも毎年必ずと言ってよいほど、話題になります。

日本で首脳の集合写真が話題になる理由は二つあります。日本の首相がいつも端に立っているのが不思議に思われるため、そして過去に中曽根首相が、中央にいる議長のすぐ横に立ったためです。

公式写真撮影は外交儀礼に則って行われます。当然、首脳会議の議長（開催国首脳）は中心に立ちます。ほかの首脳については、国家を対外的に代表する国家元首かどうかが、中央近くに立つための基準となります。大統領は国家元首ですが、首相はちがいます。首相がいる国では、国王か形式的な大統領が国家元首になっているからです。

大統領についても首相についても、在任期間の長い順に議長の近くに立つのがルールです。一番外側は、国家代表ではないEUの首脳が立ちます。

現在、サミットに参加する大統領はアメリカ大統領とフランス大統領だけです。したがって議長が首相の場合、その左右には必ず二人の大統領が立ちます。そして、その外側に首相が順に並びます。在任期間順ですから、首相の交代が毎年のように起きていた時期、日本の首相は端のほうに立つしかありませんでした。

しかし、例外があるのです。それがサミットの写真の話題になると必ず出てくる中曽根首相の話です。一九八三年にアメリカで開催されたウイリアムズバーグ・サミットは、議長となったレーガン大統領の希望で、あらかじめ議題を固定しないとか、事前に宣言を詰めないといった工夫がなされました。官僚による準備を少なくし、自由な雰囲気で討論しようというねらいだったようです。そのためか、公式写真の撮影も外交儀礼に厳密ではありませんでした。

中曽根首相が議長の横に立ったのは、この珍しい機会をとらえてのことだったのです。中曽根首相は自伝で、レーガン大統領と話をしながら撮影の場所に向かい、レーガン大統領のそばに意図的にいつづけたと述べています。

「日本は、国連への分担金、拠出金ではアメリカに

写真３－４　ウイリアムズバーグ・サミット（1983年）の公式写真。中曽根首相がレーガン大統領の右横に！

次ぐ巨額な支出を負担しています。それなのに、サミットでいつも日本の首相が隅に立つのでは税金を出している国民に申し訳ない。出発前から私はそう思っていました。ですから、この時、私は真ん中に立ったのです。これもまた愛国心なのです」（中曽根康弘『自省録』新潮社、二〇〇四年、一二二ページ）

この中曽根首相の行動は多くの国民の脳裏に焼き付きました。そのため、これ以降の首相は、外交儀礼で外側に立つしかないのに、なぜ真ん中に行かないのか、と言われるようになってしまいました。しかも、サミットというと写真の話題、というマスメディアの風潮まで作り出してしまいました。

ちなみに、サミットでは公式写真のほかに、首脳たちが一緒に歩いたり、歓談したりする姿も撮影されます。二〇〇四年のシーアイランド・サミットでは、海岸沿いの散歩のさい小泉首相が首脳たちの先頭・中央寄りを歩く写真が公開されました。これもアメリカでの出来事です。日本の首相が例外的なチャンスを活かすには、アメリカでの開催と、目立ちたがり屋の首相という二つの条件がないと

写真3－5　議長のブッシュ大統領とともに先頭を歩く小泉首相

ダメなのかもしれません。

サミットの準備とシェルパの役割

「サミットの準備」というと、多くの人が会場の準備、料理の準備といったことを思い浮かべるにちがいありません。それも大事ですが、サミットは主要国の政策協調を進めるために開かれているのです。しかも、それぞれの国には守るべき利益や立場があるので、政策協調は簡単にできるわけではありません。それゆえ、議長国にとって最も重要な準備は、各国の意見の事前調整になります。

Column **配偶者プログラム**

首脳たちは、多忙なスケジュールのなか、世界のさまざまな課題について意見調整するためにサミットにやってきます。紛争への対処など、多くの命にかかわる問題について真剣な議論もしています。

一方、サミット開催地では、地元住民との交流イベントに、どうにかして首脳たちに参加してもらえないか、政府や各国への働きかけに力を入れます。応じてくれる首脳がいないわけではありません。しかし、多くの場合、議論に集中しなければいけない首脳に代わって、地元との交流には首脳の配偶者が参加します。その役割も、首脳外交では重要なのです。

サミットでは配偶者たちが全員で行う「配偶者プログラム」も用意されます（首脳が女性の場合もあるので「夫人プログラム」とは呼ばれません）。2008年の北海道洞爺湖サミットのときには、来日した5人の配偶者と福田首相夫人が、お茶会、アイヌ文化体験、エコカー試乗、ジュニア・エイトの子どもたちとの交流などを行いました。

写真3－6　北海道情報館でアイヌ民族の文化の紹介を受けるG8配偶者たち

この準備を担当するのは、正式には「首脳の個人代表(personal representatives)」と呼ばれる人たちです。サミットはもともと政治主導をアピールするという狙いがありました。ですから、準備も官僚によってではなく、首脳の側近の手でなされるべきだとされたのです。

首脳の個人代表は、よく「シェルパ」というあだ名で呼ばれます。サミットが山頂の意味なので、ヒマラヤ登山で道案内や荷揚げなどをする人たちを表す「シェルパ」が呼び名になったのです。

シェルパは、ぜったいに官僚以外から選ばなければいけない、というわけではありません。外国政府との交渉に慣れた外交官の協力がないと、事前調整で自国が不利になってしまうことだって考えられるからです。

日本の場合、経済担当の外務審議官がシェルパになります。そして、地域問題についての事前調整を担当する「政務局長(political director)」には、政務担当の外務審議官がなります。外務審議官は、外務省では外務次官に次ぐポストです。二人しかいない外務審議官が、二人ともサミットの準備を担当しているのです。なお、シェルパを補佐するサブ・シェルパ(なぜかフランス語で、sous-sherpaと呼ばれる)には、現在は外務省経済局長と財務省国際局次長が就きます。

各国のシェルパたちは、議長国のリードで、年に数回、サミットに向けた準備会合に集まります。内容は非公開ですから、議論がどれほど激しいものかはわかりません。ただ、何度も会って話し合いをするのですから、意見集約がむずかしい分野があるのは明らかです。

議長国の首脳もメンバー各国を訪ねて意見調整に当たります。日本はアジア太平洋地域からの唯一の参加国ですから、議長国の年には首相が日本の周辺国を訪ね、サミットの政策協調について意見交換することもあります。

さらに議長国の首脳は、Ｇ７首脳を代表して、参加国の労働組合の代表やＮＧＯ代表などと事前に意見交換をします。これは「市民社会（civil society）との対話」と呼ばれる活動で、すでに二十年以上にわたって慣例化しています。

閣僚会合と専門家会合

この本では、首脳会議の部分である「サミット」と、主要国の政策協調の枠組みとしての「サミット・メカニズム」を分けて説明しています。すでに見たように、サミット・メカニズムはＧ20首脳会議や拡大首脳会合という水平的広がりを持っていました。参加する首脳が増えるので、横に広がっていく感じです。

じつは、サミットはこれに加えて垂直的な広がりも持っています。Ｇ７首脳会議の下部組織として、Ｇ７の閣僚会合（大臣会合）や、Ｇ７を中心とした専門家会合が開かれているのです。首脳よりも格が下の大臣たちや、さらに下の専門家（多くはその分野を担当する公務員）たちが、いわば下から首脳会議を支えているのです。私が「サミット・メカニズム」と呼ぶのは、この全体のことです。

もともとサミットには、首脳が外務大臣と財務大臣を伴って参加していました。そしてサミット期間中、首脳だけの会議、大臣ごとの会議、そして首脳と二人の大臣が参加する全体会議の三つを開催していたのです。しかし、首脳の話し合いの機会をもっと重視するべきだとの考えから、一九九八年に外務大臣会合と財務大臣会合が分離されました。

今では、外務大臣会合と財務大臣会合に加え、いろいろな大臣会合がＧ７の枠組みで開かれています。たとえば二〇一六年の伊勢志摩サミットのさいには、外務大臣会合（広島）、財務大臣会合（仙台）に加え、エネルギー大臣会合(北九州)、科学技術大臣会合(つくば)、環境大臣会合(富山)、教育大臣会合(倉敷)、交通大臣会合(軽井沢)、情報通信大臣会合(北九州)、農業大臣会合(新潟)、保健大臣会合(神戸)の合計十の各閣僚会合が、日本各地で開かれます。

閣僚会合はサミットの議題に応じて開かれるので、二〇一六年のように十も開かれることはまれです。それまでの最高は洞爺湖サミットの八会合でしたので、伊勢志摩サミットは日本が持っていた過去最高記録をさらに塗り替えたことになります。おそらくですが、日本でサミットが開催されるときに閣僚会合が多くなるのは、立候補した自治体への配慮のほか、政策的ねらい(地方創生への寄与など)があるからなのでしょう。

なお、山頂にあたる首脳会議は年に一回の開催と決まっていますが、裾野にあたる閣僚会合のほうは必要に応じて開かれます。開催

Column サミットの呼び方

政府は、2000年に日本で開催されたサミットを「九州・沖縄サミット」と呼んでいます。でも、なぜ「九州」が付いているのでしょうか。

すでに述べたように、1998年から首脳会議、外務大臣会合、財務大臣会合は別個に開かれるようになりました。しかし、まだ3つは一体のものと認識されていたのです。初めての地方開催となった2000年のサミットは、小渕首相の政治的判断で沖縄での開催が決まりました。名乗りを上げた都市のうち、福岡では財務大臣会合、宮崎では外務大臣会合が開かれました。そのため、「九州・沖縄サミット」と呼ばれることになったのです。

しかし、サミットを呼ぶときには首脳会議の開催地の名前を付けて呼ぶのが普通です。もし他のサミットに合わせた呼び方をするなら、2000年のサミットは「名護サミット」になります。「沖縄サミット」でもかまわないと思いますが、一般に自治体名を使うときは、広域自治体ではなく、基礎自治体の名前を使うからです。いずれにしても、そろそろ教科書などでは、「九州」なしでよいことにしてはどうでしょうか。

それを言うと、2008年の「北海道洞爺湖サミット」からも「北海道」を取りたくなります。全道あげてのイベントでしたから「北海道」を付けたいという道民の心情は理解できますが、これも例外的命名なのです。ちなみに、海外の文献や政府文書では「沖縄サミット」や「洞爺湖サミット」となっているものも多く目にします。

されないこともありますし、外務や財務の大臣会合のように年に複数回開かれることもあります。
また、議論のテーマを絞って閣僚級の会合が招集されることもあります。二〇一三年には議長国イギリスの発案で、初の「G8認知症サミット」がロンドンで開催されました。そして、これをきっかけに各国でさまざまな取り組みが始まり、日本でも翌年「新しいケアと予防モデル」に関するサミット後継イベントが行われました。

閣僚会合のほかに、サミットの裾野には専門家会合も置かれています。多くは一時的に設置され、報告書をまとめて首脳会議に提出します。先駆は、一九八二年のヴェルサイユ・サミットが設置した「科学技術の作業部会」です。翌年のサミットに報告書を提出し、翌々年のサミットでは各国における進捗がチェックされ、さらにその翌年に見直し報告書が出されました。

こうした作業部会は、専門知識が必要とされる分野の政策協力のために設置されるのが一般的です。二〇〇五年に設置され、二〇〇八年の北海道洞爺湖サミットで報告書が出された「G8知的財産専門家会合」はその代表的なものと言ってよいでしょう。

すでに恒常化した専門家会合も存在します。サミット・メカニズムは、一九七八年に「テロ対策専門家会合(ローマ・グループ)」を創設しました。さらに、一九九五年には「国際組織犯罪対策上級専門家会合(リヨン・グループ)」の設立を決定しました。二〇〇一年にアメリカで発生した同時多発テロ事件を契機に、これら二つは一体化します。現在、この「G7ローマ/リヨン・グループ会合」は、年に数回開催され、さまざまな国際犯罪への対処について話し合っています(日本からは法務省刑事局の担当者が参加します)。

さらに、サミットが設置した専門家会合には、すでに主要国以外が参加する政府間機関として独自に活動するようになったものもあります。一九八九年のアルシュ・サミットで設置された「マネーロンダリングに関する金融活動作業部会」はその一つです。今では三十以上の国と機関が参加して、麻薬やテロへの資金供給の防止にかかわる問題を議論しています。

周辺国だけでなく、企業、研究機関、NGOを巻き込んで行われる会合もあります。二〇一五年のエルマウ・サミットで創設が決まった「資源効率性のためのG7アライアンス」もその一つです。加盟国の経済団体がつくる「ビジネス7」や市民社会代表などが、環境劣化をもたらさない天然資源の利用などについて検討します。

サミットは、多くの閣僚会合や専門家会合を有する裾野の広い政策協調メカニズムに発展してきました。サミットというと首脳が集まる会議にばかり目が行きますが、サミット・メカニズムの裾野で地道に進められている政策協調も、重要かつ有意義なものと言えるでしょう。

言うまでもないことですが、サミットのメンバーになるということは、首脳会議に顔を出すだけでなく、サミット・メカニズムのすべてに参加することを意味します。裾野の会合でもしっかりグローバル・ガバナンスに貢献しなければならないのです。

なお、会合が開かれていないときにも、メカニズムとしてのサミットは潜在的に機能しています。つまり、なにかあったらすぐに参加国の担当大臣や専門家チームが集まって、対応策を協議する体制ができあがっているのです。

東日本大震災があった二〇一一年には、五月のG8のサミットで「日本との連携」が示され、原子力安全についての取り組み指針が示されました。そして、二〇〇二年に作られた専門家会合である「G8原子力安全セキュリティ・グループ」に対し、原子力発電の安全性についても検討するように指示が出されました。また、翌月にはG20の枠組みでも原子力安全に関する閣僚会議が開かれ、対応が協議されました。

サミット・メカニズムの活動のうちニュースで取り上げられるのは、ほとんどが首脳会議です。そのためか、サミットは「首脳たちの人気取り」のために開かれていると思っている人までいます。しかし、主要国の連携はすでに一つのメカニズムとして機能しているのです。

山の絵を描くときには、山頂だけでなく裾野までしっかり描き込んでほしいと思います。

サミットの議題

基本は経済と政治

サミットは、一九七五年、先進国の経済政策の調整を目的に生み出されました。そのため、最初の五年間のサミットでは、経済政策、国際通貨、貿易問題、エネルギー問題、途上国支援の五つしか議題に上がりませんでした。純然たる「経済サミット」だったのです。

この時期、サミットは変動相場制への移行で合意し(一九七五年)、GATT(関税・貿易一般協定)東京ラウンドの決着に道筋を付け(一九七七年)、第二次石油危機に対応するために各国の石油消費量や輸入量の上限目標を定めました(一九七九年)。いずれも激論を経て決まったことですが、サミットは発足当初から先進国間の経済政策の調整に有効性を発揮したのです。

一九八〇年代に入ると「政治サミット」の時代が始まります。一九七九年末のソ連のアフガニスタン侵攻が引き金でした。これによって米ソ関係は「新冷戦」時代に入り、アメリカや日本などはソ連で開かれた一九八〇年のモスクワ・オリンピックへの参加を取り止めました。

一九八〇年から、サミットでは政治問題についての事前会合として「政務局長会議」が開かれるようになりました。首脳会談の日程にも正式に「政治問題」が掲げられ、最終日には政治についての議長声明も出されるようになりました。

一九八〇年代前半に起きたサミットの政治化については、イギリスのサッチャー首相、アメリカのレーガン大統領、日本の中曽根首相など、G7首脳の多くが対ソ強硬論者であったことも影響していました。事実、レーガン大統領が登場した一九八一年のオタワ・サミットでは、「ソ連の軍事力が引き続き増強されていることを深刻に懸念」し、「われわれ自身、強力な防衛力を必要とする」との文言が政治声明に書き込まれました。サミットは、安全保障政策についても認識の共有化を図る場となったのです。

こうしたソ連に対するサミットの強硬姿勢は、核兵器削減を定めた史上初の条約である中距離核戦力全廃条約の締結(一九八七年)という成果をもたらしました。ためらい続けるソ連を突き動かしたのは、ソ連に「言葉のみならず行動」を強く求めた同年のヴェネチア・サミットの「東西関係に関する声明」であったと考えられています。

一方、経済政策の協調も一九八〇年代にさらに深まっていきました。通貨管理やマクロ経済政策について相互監視(多角的監視)が行われるようになり(一九八二年開始、一九八六年拡大)、本来は国内政策である経済構造改革についても、政策協調の理念を反映させて国際的約束をするようになりました(一九八八年)。

こうしてサミットは、G7内部の経済政策の調整に加え、G7の外に向けて「主要国の政治的団結」をアピールする場にもなっていきました。そして今もG7は、世界各地の紛争などに対し、一体となって政治的な働きかけをしています。

一回のサミットの働きかけで、すぐに効果が得られるわけではありません。それでも、サミットが批判

Column **日本への支持**

近隣諸国がもたらす安全保障上の問題について、サミット参加国が一致して日本の立場を支持してくれている。サミットで日本政府が重視しているのはこの点です。

たとえば、2000年の沖縄サミットの評価について、日本政府は「朝鮮半島に関するG8声明」が出せたことを高く評価しています。「アジアで開催されるサミット」で、「我が国の安全保障上特に重要な意味を持つ朝鮮半島情勢について独立の声明を発出し得たことは我が国の対東アジア政策上意義深い」というわけです。

2013年のロック・アーン・サミット後の記者会見では、安倍首相が「2つのねらい」を持ってサミットにのぞんだことを明らかにしました。一つはアベノミクスへの理解を得ることで、もう一つは北朝鮮の核問題と拉致問題に対する日本の立場を主張することです。

安倍首相は「私は北朝鮮に関する議論をリードいたしました。北朝鮮による核の保有は認められず、北朝鮮は安保理決議を完全に実施すべきであると強く訴えました。さらに、拉致問題の解決の必要性を訴えました。これに対し、G8各首脳から力強い支持が示され、これがG8のコミュニケにも反映されました」と述べています。

このように、日本の首相はサミットのたびに北朝鮮問題を話題に出して、各国の支持を確認しているのです。

最近では、北朝鮮の核開発に対する非難に加え、中国の海洋進出に対する懸念をサミット参加国が共有してもらうことが、日本政府にとっての重要ポイントになっています。

2015年のエルマウ・サミットでは、厳しい口調の警告が宣言文に書き込まれました。中国を名指しはしなかったものの、首脳宣言の文言は、「大規模な埋め立てを含む、現状の変更を試みるいかなる一方的行動にも強く反対する」となったのです。

4月のG7外相会合のときは、「大規模埋め立てを含む、現状を変更し緊張を高めるあらゆる一方的行動を懸念している」となっていました。その後、中国が埋め立て地で軍事基地を建設していることが明らかになったこともあり、外相会合の「懸念」という言葉が、首脳会議では「強く反対」に変更されたのです。この点については、安倍首相が積極的に議論をリードしたと言われています。

を繰り返せば、問題を起こしている国には「政治的圧力」がかかります。また具体的な行動として、G７で経済制裁などの強い措置に踏み切ることもあります。事実、二〇一四年に発生したウクライナ問題では、ロシアに対し、そうした強い協調行動が採られました。

ロシア、中国、あるいは両国どちらかが政治的に支援している国が国際紛争を起こした場合、サミットの役割は特に重要になります。ロシアと中国は、国連安保理の議論では拒否権を行使できます。ですから、国連は両国を非難することも制裁を加えることもできません。ロシアが支援しているシリア政府の問題などでも、国連では適切に対処できませんでした。そうしたとき、サミットでは事態打開のために協調行動と外部への働きかけを強化します。すぐに結果が出ないとしても、事態の悪化を防げるかもしれないからです。

グローバル・ガバナンスの担い手としての自覚

一九八九年から一九九一年にかけて、東欧諸国の体制変革とソ連の崩壊がありました。東欧・ソ連の経済破綻や核兵器拡散は世界全体を混乱に陥れます。サミットは積極的に関与し始めました。グローバル・ガバナンスの担い手としての活動を本格化させたのです。

サミットのソ連に対する態度は、一九九〇年にアメリカで開かれたヒューストン・サミットで一変しました。それまで敵だったソ連に対し、友好的態度を示したのです。翌年のロンドン・サミットでは「世界的パートナーシップの構築」が宣言され、サミット首脳とソ連大統領の会談が実現しました。経済支援も始まりました。

冷戦が終わり、また湾岸戦争もあったことから、一九九一年以降、サミットは軍縮にも本格的に取り組むようになりました。一方、一九九四年には、チェルノブイリ原発を閉鎖するためのウクライナ支援にも合意しました。冷戦終結を受けて、サミットは武器や原発の適切な管理に力を注ぐようになったのです。ちなみに、軍縮は今でもしばしばサミットの主要議題になります。核兵器を開発しようとしている北朝鮮やイランを非難し、事態打開に向けたメッセージを出し続けています。

冷戦終結後のサミットは、勝利を祝うかのように、民主主義と市場経済を軸とした国家システムを世界に広めようとします。途上国支援についても、サミットは「良い統治(good governance)」の原則を定めました。人権尊重などを経済援助の条件としたのです。

サミットが途上国支援に消極的になったわけではありません。事実、サミットは、一九九〇年代後半、本格的に重債務貧困国の救済に乗り出します。その努力は、一九九九年のケルン・サミットで合意された「ケルン債務イニシアティブ」に結実しました。重債務貧困国に対するG7のODA債務はすべて免除する、という画期的な決定でした。

また、一九九〇年代、サミットはグローバル・ガバナンスのため、国連システムの再構築も目指すようになりました。サミットは、自らがグローバル・ガバナンスの司令塔となりつつあることを認識していたのか、その実動部隊となる国連機関に改革を迫るようになったのです。国連本体はもちろん、国際通貨基金(IMF)や世界銀行など経済問題を担当する国連専門機関も改革の対象となりました。

国連が発足して五十年となる一九九五年のハリファックス・サミットでは、詳細にわたる注文が国連機関に突きつけられました。権限の重複是正や経費削減なども要求されました。議論は翌年に及び、一九九六年のリヨン・サミットには、関係する国際機関の長が呼ばれ、サミットの改革要求について意見を求められました。グローバル・ガバナンスに不可欠な国連システムの機能強化は、国連自身によってではなく、サミットの手で進められたのです。

議題は拡大する

グローバル・ガバナンスに関わることになったサミットは、国際経済問題、国際政治問題に加え、さまざまな国際社会問題についても発言するようになります。一九九六年のリヨン・サミットでは「グローバル化」がテーマに据えられました。サミットの公式文書にも「地球規模の問題への対処」といった言葉がよく出てくるようになりました。発足から二十年、サミットはグローバルな影響を持つ問題ならなんでも扱うようになったのです。

この本では、環境対策、犯罪対策、科学技術、教育行政、厚生行政などの分野におけるグローバルな課題をまとめて、「国際社会問題」と呼ぶことにしましょう。サミットの議題になったもので言えば、IT、バイオテクノロジー、教育、食品安全、人口高齢化などが含まれます。なかでも、国際犯罪対策、環境保護、途上国の保健衛生は、近年のサミットで毎回のように取り上げられてきました。サミットにおける「国際社会問題」の中心テーマは、犯罪、環境、衛生なのです。

テロをはじめとする国際犯罪対策については、すでに述べたようにサミット・メカニズムの専門家チームや関係閣僚会合で議論されています。その結果を首脳会議で追認し、さらにサミット参加国以外の国にも協力を求め、犯罪撲滅を図っています。それでも、毎年のようにテロ事件などが起きるため、サミットはほとんど毎回、非難声明や対策強化を打ち出しています。

感染症を中心とした保健衛生問題への対応は、一九九六年以降、毎年のサミットの公式文書に登場します。二〇〇〇年の沖縄サミットや二〇〇六年のサンクトペテルブルク・サミットでは、主要テーマの一つにもなりました。感染症対策は途上国支援の重要な柱です。現在もサミットは、ワクチンの普及や母子健康の促進などを約束し、関係機関を支援しています。二〇一五年のエルマウ・サミットでは、エボラ出血熱や熱帯病などへの対応方針が確認され、世界保健機関（ＷＨＯ）など関係機関へのさらなる資金と人材の提供が約束されました。

環境問題について本格的に議論したのは、一九八九年のアルシュ・サミットが最初でした。このサミットで、環境は三つの主要議題の一つとされたのです。これ以降、サミットの公式文書は、必ず環境問題への取り組みに言及するようになりました。

環境問題のうち地球温暖化対策をめぐっては、サミットで首脳たちが激論を戦わせたことが過去に何度もありました。積極的な欧州諸国と消極的なアメリカとの意見対立が激しかったのです。そのため、京都議定書の批准について意見が対立した二〇〇一年のジェノヴァ・サミットでは、公式文書で「意見の不一致がある」ことを認めたうえで、努力を続けることを表明しました。つまり、意見調整に失敗したこともあったのです。

地球温暖化対策のための温室効果ガスの排出削減については、その後のサミットでも議論が続いています。各国企業の経済活動に大きな影響を及ぼすため、合意を得るのは簡単ではなく、わずかしか進展が見られない年もあります。それでも首脳たちの努力で徐々に合意内容は充実していきます。毎年サミットを開き、継続して議論する意味はあるのです。

たとえば、温室効果ガスの排出を「二〇五〇年までに世界全体で半減させる」という案について、二〇〇七年のハイリゲンダム・サミットでは「真剣に検討する」とだけ約束しました。二〇〇八年の北海道洞爺湖サミットでは、ついにG8が半減に合意し、「世界全体の目標として採択することを求める」と宣言しました。二〇〇九年のラクイラ・サミットではさらに踏み込んで、「先進国は二〇五〇年までに八〇パーセント以上の削減をする」との目標を掲げました。こうして一歩ずつ前進していったのです。

ちなみに、二〇一五年のエルマウ・サミットでは、IPCC(気候変動に関する政府間パネル)が提案する「二〇五〇年に二〇一〇年比で四〇から七〇パーセント」という削減目標の「幅の上方の削減」に取り組むと約束しました。目標数値が下がったように見えますが、排出削減の基準年をはっきりさせたのはサミットでは初めてですから、これも一歩前進になります。

またこのサミットでは、十二月のCOP(気候変動枠組み条約締約国会議)パリ会議の成功に向けた「強い決意」が表明されました。安倍首相もこれを意識し、日本の中期の削減目標(二〇三〇年までに二〇一三年比で二六パーセント削減)をわざわざこのサミットで発表しました。

公式文書の種類

サミットでは、合意事項は公式文書にまとめられ、首脳会議終了後に発表されます。世界に向けて約束するのですから、実施しないと問題になります。そのため、公式文書にどう書くかは真剣に検討されます。通常、草案はシェルパたちが作成しますが、表現について、首脳たちが修正を求めることも珍しくありません。

公式文書には、「宣言(Declaration)」、「共同声明＝コミュニケ(Communique)」、「声明(Statement)」、「議長総括(Chairman's Summary)」などの名前が付けられます。「宣言」は、協調して行う政策の原則・目標と行動に向けた決意などを盛り込んでいて、他の文書よりも重みがあります。これに対し「声明」は、共通認識や政策の方向性を示した文書です。テロなどの非難すべき出来事があった場合には、首脳や外相の名前で「緊急声明」が出されることもあります。

サミットの公式文書については、具体性がないとの批判があります。指針を決めるのがサミット本来の姿ですから、それでよいはずです。しかし、批判を意識したのか、二〇〇二年のカナナスキス・サミット以降、具体的な措置を「行動計画（action plan）」として発表することも普通になりました。

また、サミットはメカニズムですから、首脳会議の公式文書に加え、閣僚会合や専門家会合でまとめられた文書も、個々の会合後に、あるいは首脳たちの確認を経て首脳会議後に発表されます。そのため、サミット全体ではかなりの量の文書が発表されることになります。

もちろん、発表される文書の量はサミットごとに増減します。文書が多すぎるとポイントがはっきりしなくなるので、文書の数が絞り込まれることもあります。

ちなみに、歴史的に見て、一番多かった時期は二〇〇二年から二〇〇九年にかけてです。閣僚会合の広がりも拡大会合の広がりもともに大きい時期だったので、公式文書の量が多くなったのです。

たとえば二〇〇八年の北海道洞爺湖サミットでは、首脳会談後に発表された公式文書が二十本にもなりました。議長総括と首脳宣言に加え、声明が三つ（食料安全保障、テロ対策、ジンバブエ）に、アウトリーチの主要経済国首脳会合の宣言（エネルギー安全保障・気候変動）、さらには報告書が十四本も出されたのです。報告書には、専門家会合などが検討してきた知的財産の保護、森林の違法伐採、原子力安全、国際保健といったグローバルな課題への対策が盛り込まれていました。

ただし最近では、首脳たちの議論に則した宣言や声明を重視し、専門家会合の報告書などは大きく扱われなくなっています。それでも、二〇一五年のエルマウ・サミットでは、首脳宣言のほか、六本の「付属書」が提出されました。列挙すると、「女性の起業家精神に関するG7原則」、「薬剤耐性と闘う共同の努力」、「気候政策」、「資源効率性のためのアライアンス」、「海洋ゴミ問題に対処するためのG7行動計画」、「食料安全保障および栄養に関するより広範な開発アプローチ」という名前の文書です。それぞれ今後の指針や具体策を盛り込んでいます。さらに「進捗報告書」も出されました。これは生物多様性対策の実施状況の報告でした。

もちろん、公式文書で重要視すべきは、文書の数ではなく、文書に盛り込まれた内容の充実度です。サミットの宣言や声明は、一つに数十の約束(コミットメント)が含まれていることもあります。ですから、文書の数が少なくなったからといって、サミットの活動が低下したとは言えないのです。

サミットの公式文書には、さまざまなタイプのコミットメントが書き込まれます。行為主体によって分けると、

①サミット参加国政府による行動の約束
②問題当事国に対する解決に向けた働きかけ
③サミットとは別の国際会議に対する期待や決議遵守の表明
④国際機関に対する行動の要求あるいは支援の約束

の四パターンになるでしょう。

先進国の経済政策の調整ならば①でよいでしょうが、国際政治問題や国際社会問題になると、むしろ②、③、④のタイプの記述が増えます。サミットがグローバルに動ける独自の実施機関を持たない以上、コミッ

トメントの遂行の一部は国連などの国際機関に委ねるしかないからです。

それに、そもそもサミットが担っているのは「指針」を示す役割です。参加国だけでなく、参加国以外の国にも国際機関にも働きかけ具体的な行動をうながすのが仕事なのです。他人任せにも見えますが、サミットのメンバーだけでなんでもやったのでは、自分勝手との批判が増えるだけです。かといって、G７が「ムード作りを担う演出家」になったり、「資金を出す後援者」になったりしなければ、国際機関や国際会議が動き出さないこともあります。

サミットが公式文書で呼びかけた「指針」を踏まえて、さまざまなアクターが意見を出しながら実施していく。そういう今の姿が、じつはサミット・メカニズムにふさわしく、だからサミットは長続きしているのだろうと思います。

公約の遵守

二〇一五年に起きたＩＳ（イスラミックステート）による日本人人質事件のさい、安倍首相はイギリスのキャメロン首相と電話で会談しました。英首相報道官によると、そのさい安倍首相は、二〇一三年にイギリスで行われたサミットの公式文書にある「テロリストに対する身代金の支払を全面的に拒否する」との約束を守ると述べたそうです。このように、サミットでの公約は、各国首脳にとって国際問題について判断するときの「規律」になっています。

政治家は公約を守らない、という印象を持っている人もいるかもしれません。しかし、サミットの場合、国家を代表する首脳が、他国の首脳の前で約束してくるのです。しかも、辞めていなければ、翌年また会って話をしなければなりません。守るか守らないかはメンツにかかわる大問題なのです。

参加する首脳には、二つのリスクがあると考えられます。一つは、他の首脳から約束の無視や不実行を非難されるリスクです。結果としてサミットが政策協調に失敗したことを内外に示したわけですから、その責任も追及されるかもしれません。

もう一つは、信頼を低下させた結果、首脳会議やその前後の二国間協議に悪影響を与えるリスクです。約束を守らない首脳が議論をリードすることはありえません。

ようするに、サミットの約束を無視したり違反したりすることは、首脳とその国にとって高いリスクを伴う行動なのです。公式文書の言葉選びに慎重になるのも、できない約束は最初からしないようにと、首脳やシェルパたちが考えているからにちがいありません。

もちろん、サミット文書における個々の約束項目(コミットメント)の遵守(コンプライアンス)は、首脳たちがお互いの目を気にしているだけで達成

Column 宿題の提出日

毎年開かれるサミットは「前の年に出された宿題の提出日」として、政治の時間軸を設定しています。事実、公式文書にも「来年のサミットまでに」という言葉がときどき登場します。1年かけて各国の意見を出し合い、シェルパ会議などで論点を整理したうえで、翌年のサミットで指針を示そうというのです。先に見たように、国連改革も、そのようにして進められてきました。

各国政府が、サミット外交(前後に開かれる二国間会談も含む)に必要な国内調整を「サミット前」を締め切りにして決着させようとすることもあります。日本の貿易黒字が問題になった時期には、とくにそうした締め切り効果が見られました。たとえば、農業が議題となった1988年のトロント・サミットは、日本とアメリカが「牛肉とオレンジの輸入自由化」に合意するためのデッドラインとされました。サミットで「日本たたき」が行われることを恐れた竹下首相が、サミット前の決着にこだわったためだと言われています。実際、サミット直前に両国の合意は成立しました。ぎりぎりで締め切りに間に合ったのです。

サミットがあるだけで、「なんとかしなければならない」という気持ちに首脳や官僚が追い込まれる。そうであれば、それだけで年1回サミットを開催する意義があるように思えますが、いかがでしょうか？

されるものではありません。各国政府の官僚たちも、遵守に力を尽くします。国家を代表する首脳が約束してきた以上、未達成や違約は首脳のメンツをつぶす行為になります。努力しないわけにはいかないのです。

主要国どうしの関係だけではありません。近年のサミットは途上国の首脳を拡大会合に招いています。かれらを怒らせるような約束違反はできません。サミットで合意される開発支援は、しばしば不十分だと批判されます。しかしこれまで、アフリカ諸国の代表がサミットの拡大会合で席を蹴って帰国するようなことはありませんでした。約束の履行が期待されている証拠ではないでしょうか。

報告書の提出

コミットメントの遵守については、近年、サミット自身が点検し、報告書にまとめるようになりました。包括的なものは「説明責任報告書」と呼ばれ、二〇一〇年のムスコカ・サミットで提出されたのが最初です(それまでにも犯罪対策などで「実施レビュー」が出されたことはありましたが)。

ムスコカ・サミットの報告書は、途上国の「開発」に関するコ

Column コンプライアンス・レポート

コンプライアンスについては、長年、サミットの研究者たちが調査をしています。なかでもジョン・カートン教授が率いてきたトロント大学のサミット研究グループは、サミットから1年たった時点で遵守したかどうかを判断し、採点して、報告書(コンプライアンス・レポート)にまとめています。

やり方は単純です。個々のコミットメントごとに遵守した国にはプラス1を、遵守しなかった国にマイナス1を付け、その平均をそのコミットメントの遵守率とします。そして、すべてのコミットメントの遵守率の平均を取って、そのサミットの有効性を見ます。

たとえば、2013年のロック・アーン・サミットについては、1年後の遵守率が0.52でしたから、わりとよく守ったなどと評価するわけです。ただし、この研究では基準が「やった・やらない」の二者択一なので、主観的判断によるところが大きくなります。この数値を見るときには注意が必要です。

ミットメントの履行実績(約束にしたがって資金を提供したかなど)についてのものでした。報告書では、G8が途上国の開発問題を改善する大きな原動力になってきたこと、地球規模の課題への対応でもプラスの役割を果たしてきたこと、しかしまだ多くの努力すべき分野があること、が指摘されました。

その後、二〇一三年のロック・アーン・サミットにも「説明責任報告書」が出されました。開発に関するコミットメントごとに五段階評価(きわめて良好、良好、順調、期待を下回る、問題あり)を行ったのです。その結果、衛生の改善や食料安全保障などが「良好に進捗した」と判断されました。一方、国際送金コストの削減などは「期待を下回る」との評価となり、まだ課題が残っていることも明らかにされました。

すでに述べたように、二〇一五年のエルマウ・サミットでも、生物多様性に関する「進捗報告書」が出されました。つぎの包括的な報告書は二〇一六年の伊勢志摩サミットで出されることになっています。

言うまでもなく、説明責任を求められることは、サミット加盟国の政府に公約の実施をうながします。サミットのコミットメント遵守率が高いのは、相互チェックが多角的に行われているからだと言ってよいでしょう。

サミットの成功とは

それぞれのサミットについて出来・不出来を評価するのは、なかなかむずかしいことです。サミットは、その時々の国際情勢の影響を受けます。参加する首脳の個性や経験も反映します。議題もたくさんあるので、どこに着目するかで評価も変わってきます。

皮肉な言い方をすれば、サミットの「政策協調」とは「妥協」の言い換えです。完璧な協力を前提にしたのでは、すべてを「不十分」と評価するしかなくなってしまいます。しかも、サミットで合意されることの多くは「指針」です。すぐに目に見える成果が出るわけではありません。ですから、一歩でも前進できたらプラスに評価するといった姿勢でいないと、サミットの役割は常に過小評価されてしまうのです。

サミットの議論が終わると、各国首脳は記者会見にのぞみます。議長国の首脳はG7を代表してサミットの成果を世界に向けて説明します。他の首脳たちはたいてい国内向けに話します。自分のサミットでの発言がいかに自国にとって有益だったか、といった内容です。

首脳たちが触れたがらない問題点は、世界からサミットの取材にやってくる数千人のジャーナリストたちによって指摘されます。とはいえ、記事のなかには「実質的なことは決まらなかった」といったサミットの特徴を理解していない表面的批評もあります。首脳たちの意見対立を前提に、「だれが勝ったのか」だけをおもしろおかしく書いた人形劇的記事もあります。首脳個人への注目が大きすぎるためか、グローバル・ガバナンスのために今回のサミットがどういう指針を出したのかを、冷静に分析した記事はあまり多くありません。通常、首脳の外遊には「番記者」が同行します。記者会見での質疑で地球規模の問題より内政上の課題が話題にされやすいのは、そのためかもしれません。

その点、さまざまな国際NGOがサミット後に出す評価は参考になります。インターネット上には、たとえば「セーブ・ザ・チルドレンは、キャンプ・デービッド・サミットで立ち上げられた食料安全保障および栄養のためのニュー・アライアンスを歓迎します」といったメッセージが出ます。そこには懸念や要求も盛り込まれています。グローバルな活動をしている国際NGOならではの評価が示されているのです。

日本でもサミットは定期的に開催されます。各国首脳が日本の「おもてなし」を喜んでくれることも大事ですが、サミットが成功したのかどうかは、あくまでもグローバル・ガバナンスへの貢献の大きさで計られるべきです。日本がリードして人類全体の幸福のために重要な指針が決められた。そういう達成感が味わえるサミットになることを期待したいものです。

参考文献

英語文献

Bayne, Nicholas (2000), Hanging In There: The G7 and G8 Summit in Maturity and Renewal, Ashgate Publishing.

Kirton, John and Joseph Daniels, eds. (1999), The G8's Role in the New Millennium, Ashgate Publishing.

Kirton, John and Junichi Takase, eds. (2002), Directions in Global Political Governance, Ashgate Publishing.

Kokotis, Eleonore (1999), Keeping International Commitments: Compliance, Credibility and the G7, Garland Publishing.

Hajnal, Peter (1999), The G7/G8 System: Evolution, role and documentation, Ashgate Publishing.

日本語文献

高瀬淳一(2000年)『サミット』芦書房

ロバート・パットナム、ニコラス・ベイン、山田進一訳(1986年)『サミット・先進国首脳会議』TBSブリタニカ

松浦晃一郎(1994年)『先進国サミット』サイマル出版

参考URL

トロント大学サミット情報センター (http://www.g8.utoronto.ca/)

外務省・経済外交・G7 / G8 (http://www.mofa.go.jp/mofaj/gaiko/g7g8.html)

著者プロフィール

高瀬《たかせ》 淳一《じゅんいち》　名古屋外国語大学現代国際学部国際教養学科・
名古屋外国語大学大学院国際コミュニケーション研究科教授、
早稲田大学総合政策科学研究所研究員

1958年、東京都生まれ。早稲田大学政治経済学部政治学科卒業、
早稲田大学大学院政治学研究科博士前期課程修了（政治学修士）、
博士後期課程単位取得満期退学

1994年、名古屋外国語大学国際経営学部専任講師。助教授を経て2003年より教授。

著書（単著）『政治家を疑え』（講談社 2009年）
『できる大人はこう考える』（ちくま新書 2008年）
『「不利益分配」社会―個人と政治の新しい関係』（ちくま新書 2006年）
『情報政治学講義』（新評論 2005年）
『武器としての〈言葉政治〉―不利益分配時代の政治手法―』（講談社選書メチエ 2005年）
『サミット』（芦書房 2000年）
『情報と政治』（新評論 1999年）
『はじめて学ぶ国際関係』（実務教育出版 1997年）
著書（共著）『New Directions in Global Political Governance』（Ashgate Publishing Company 2002年）
など多数。

サミットがわかれば世界が読める
名古屋外大ワークス……NUFS WORKS 1

2015年10月1日　第1刷発行

著者　高瀬《たかせ》淳一《じゅんいち》

発行者　諫早勇一
発行所　名古屋外国語大学出版会
470-0197　愛知県日進市岩崎町竹ノ山57
電話 0561-74-1111
http://www.nufs.ac.jp/
発売所　丸善株式会社
105-0022 東京都港区海岸1-9-18

組版　株式会社フレア
印刷・製本　丸善株式会社
ブックデザイン　大竹左紀斗

名古屋外大ワークス……NUFS WORKS

発刊にあたって「深く豊かな生き方のために」

今ほど「知」の求められる時代はあるまい。これから学ぼうとする若者や、社会に出て活躍する人々はもちろん、より良く生き、深く豊かに生を味わうためにも、「知」はぜったいに欠かせないものだ。考える力は考えることからしか生まれないように、考えることをやめた人間は「知」を失い、ただ時代に流されて生きることになる。ここに生まれたブックレットのシリーズは、グローバルな人間の育成をめざす名古屋外国語大学の英知を結集し、わかりやすく、遠くまでとどく、考える力にあふれた「知」を伝えるためにつくられた。若いフレキシブルな研究から、教育者としての到達点、そして歴史を掘りぬく鋭い視点まで、さまざまなかたちの「知」が展開される。まさに、東と西の、北と南の、そして過去と未来の、新しい交差点となる。さあ、ここに立ってみよう！

名古屋外国語大学出版会